Sprache und Lesen

3

Arbeitsheft
Teil A

Herausgegeben von

Stefan Jeuk

Antje Sinemus

Krystyna Strozyk

Erarbeitet von

Petra Dreßler-Quade

Bettina Fesenmeier

Heidelinde Foster

Marlies Koenen

Lydia Kunz

Simone Schick

Stefan Jeuk

und

der Cornelsen Redaktion

Primarstufe

Cornelsen

Sprache und Lesen

3

Arbeitsheft
Teil A

Herausgegeben von Stefan Jeuk, Antje Sinemus, Krystyna Strozyk

Erarbeitet von Petra Dreßler-Quade, Bettina Fesenmeier, Heidelinde Foster, Marlies Koenen, Lydia Kunz, Simone Schick, Stefan Jeuk und der Cornelsen Redaktion Primarstufe

Beratung Yurdakul Çakır-Dikkaya

Begutachtung Winfried Bega, Essen; Ulrike Böhle, Dortmund; Barbara Busch, Langen; Katrin Bütow, Soltau; Ursula Conradt, Stuttgart; Hilde Hess-Steinhauer, Solingen; Reinhild Hoffmann, Herdecke; Ute Jasperneite, Bergisch Gladbach; Christa Kaperlat-Fuß, Bergheim; Gabriele Klaßmann, Paderborn; Sabine Klose, Velbert; Andrea Lühne, Göppingen; Maria Remler, Kaiserslautern; Regine Schröter, Mainz; Eva Skrypnik, Lörrach; Ingrid Weis, Witten; Margarete Westermeier, Borchen

Redaktion Ralf Trinks

Bildredaktion Janin Hacker

Übersetzungen Yurdakul Çakır-Dikkaya (türkisch), Sana Al-Laham (arabisch)

Illustration Sebastian Koch, Alexandra Prosen, Cindy Fröhlich, Thomas Wellendorf

Umschlaggestaltung Katharina Wolff-Steininger und Rosendahl, Berlin

Umschlagillustration Alexandra Prosen

Layoutkonzept Rosendahl Berlin

Layout und technische Umsetzung Kati Klaeske, Berlin

www.cornelsen.de

Die Webseiten Dritter, deren Internetadressen in diesem Lehrwerk angegeben sind, wurden vor Drucklegung sorgfältig geprüft. Der Verlag übernimmt keine Gewähr für die Aktualität und den Inhalt dieser Seiten oder solcher, die mit ihnen verlinkt sind.

1. Auflage, 8. Druck 2022

Alle Drucke dieser Auflage sind inhaltlich unverändert
und können im Unterricht nebeneinander verwendet werden.

© 2012 Cornelsen Verlag, Berlin
© 2017 Cornelsen Verlag GmbH, Berlin

Aus didaktischen Gründen wurden die Texte gekürzt.

Druck: Athesiadruck GmbH

ISBN 978-3-06-082008-5

Inhaltsverzeichnis

Seitentypen

SPRACHE FÖRDERN   SPRACHE UNTERSUCHEN   SCHREIBEN   RICHTIG SCHREIBEN

LESEN   DAS KANN ICH SCHON (Lernstandsseite)   MEINE SEITE

Das bedeuten die Zeichen:

D Differenzierung
Ü Übersetzung
! Stolperstelle

Das Kalenderspiel

① Würfle mit dem Zahlenwürfel und setze deine Figur.

Würfle dann mit dem Farbwürfel. Wie muss dein Satz anfangen? Welcher Wochentag ist richtig?

② Schreibe die Monate zu den Jahreszeiten.

- Januar
- Februar
- März
- April
- Mai
- Juni
- Juli
- August
- September
- Oktober
- November
- Dezember

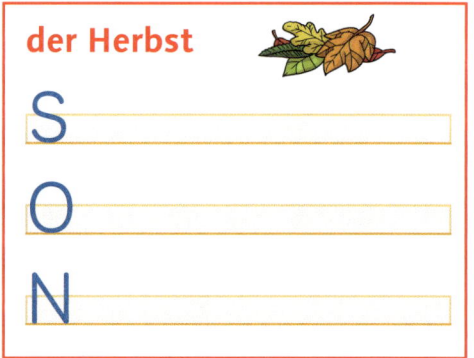

der Winter

z

J

F   u

---

1. Wochentage und Temporaladverbien wiederholen
2. Monate den Jahreszeiten zuordnen

D Gruppenbildung beim Genus:
Was fällt dir bei den Artikeln der Monate und Jahreszeiten auf?

▸ **zu** BB S. 4–5

Was macht Umut?

① Was macht Umut? Wann macht er es?

	Montag	Dienstag	Mittwoch	Donnerstag	Freitag
16.00–18.00	Tischtennis spielen	schwimmen gehen	Fußball spielen	mit Lisa spielen	Kuchen backen
18.00–19.00		Computer spielen	mit Murat spielen		fernsehen

Wann sieht Umut fern?

Umut sieht am **Freitag** von **18** bis **19** Uhr fern.

Wann spielt Umut Fußball?

Umut spielt am [   ] von [   ] bis [   ] Uhr [   ].

Wann spielt Umut mit Murat?

Umut spielt am [   ] von [   ] bis [   ] Uhr mit [   ].

② Schreibe selbst solche Fragen und Antworten auf.

Wann   Umut   ?

Umut   .

[   ]

[   ]

[   ]

[   ]

▶ zu BB S. 4–5   1. Tabelle lesen, Lückensätze füllen   Ⓓ die eigene Woche planen und Sätze
2. nach vorgegebenem Muster Fragen und   dazu schreiben
Antworten bilden   5

Welche Spielzeuge braucht die Klasse 3b?

① Schreibe auf, welche Spielzeuge die Klasse 3b neu kaufen muss.
Schreibe auch auf, welche Spielzeuge die Klasse nicht neu kaufen muss.
Die Satzstraße hilft dir.

einen — neuen Ball.

keinen — neuen Roller.

Die Klasse 3b braucht

eine

keine — neue Schaukel.

ein — neues Rollbrett.

kein — neues Seil.

Die Klasse 3b braucht keinen neuen Ball.

Die Klasse 3b braucht einen

1. Satzstraße lesen; anhand der Illustration passende Sätze mit Akkusativergänzung aufschreiben

🄳 „Ich kaufe ein und nehme ein/eine/einen … mit." (Prinzip des Spiels: „Ich packe meinen Koffer") in Gruppen spielen

▶ zu BB S. 6–7

② Warum muss die Klasse 3b einige Spielzeuge neu kaufen?
Warum muss sie einige Spielzeuge nicht neu kaufen?

Die Klasse 3b braucht **keinen** neuen Ball. Der Ball <u>ist</u> <u>noch neu</u>.

Die Klasse 3b braucht **keinen neuen Ball,**

weil **der Ball <u>noch neu</u> <u>ist</u>.**

Die Klasse 3b braucht **ein** neues Seil. Das Seil ist schmutzig.

Die Klasse 3b braucht _____ ,

weil _____

Die Klasse 3b braucht _____ neues Rollbrett. Das Rollbrett <u>ist</u> <u>noch neu</u>.

Die Klasse 3b braucht _____ ,

weil _____

Die Klasse 3b braucht _____ neuen Roller. Der Roller ist schon alt.

Die Klasse 3b braucht _____ ,

weil _____

③ Warum braucht die Klasse 3b eine neue Schaukel?

_____

_____

2./3. Satzpaare mit Akkusativergänzungen bilden; in Kausalsätze mit *weil* umformen   🅳 zur klasseneigenen Spielzeugkiste analoge Kausalsätze bilden

7

Nomen in der Einzahl und in der Mehrzahl

① Markiere nur die Nomen.

schwimmen   Rucksack   Wasserbälle   Tauchringe

Badeschuhe   kalt   tauchen   springen   Jacken

nass   Handtücher   Stuhl   spielen   Schwimmnudeln   Bürste

Schwimmbrillen

② Wie viele von diesen Sachen sind oben im Bild? Schreibe es auf.

ein Rucksack,

③ Im Bild siehst du auch Dinge, die keine Fundsachen sind.
Schreibe zwei davon auf.

1. Wortarten unterscheiden; 2. Nomen
in Einzahl und Mehrzahl aufschreiben;
3. Gegenstände im Raum benennen: *Tisch,
Regal, Stuhl, Trillerpfeife* …

D Fundsachen in der Klasse / Schule
betrachten und eine analoge Auflistung
erstellen

▸ zu BB S. 8
▸ Diff.-Block S. 5–6

④ Markiere die Nomen im Text.

Leo und Lina gehen zusammen ins Schwimmbad.
Plötzlich ruft der Kater: „Oh, nein!
Alles ist in meinem Rucksack: das Handtuch, die Seife,
die Badekappe, die Schwimmbrille und die Bürste.
5 Nur die Badehose, die habe ich vergessen."

„Das ist nicht schlimm", tröstet ihn die Maus.
„Ich habe eine zweite Badehose dabei.
Die kannst du haben."

⑤ Schreibe die Nomen in die Tabelle. Ergänze die Mehrzahl.
Kontrolliere die Mehrzahl mit der Wörterliste.

Einzahl	Mehrzahl
das Schwimmbad	die Schwimmbäder

Nomen in der Einzahl und in der Mehrzahl

① Finde die fünf Nomen. Male sie so an: Nomen mit der – blau, Nomen mit die – rot, Nomen mit das – grün. Kontrolliere mit der Wörterliste.

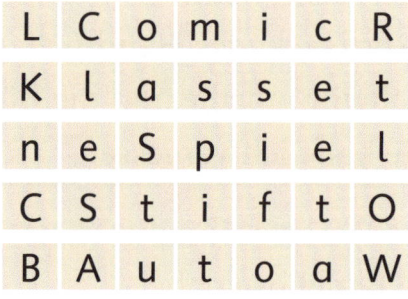

```
L  C  o  m  i  c  R
K  l  a  s  s  e  t
n  e  S  p  i  e  l
C  S  t  i  f  t  O
B  A  u  t  o  a  W
```

② Trage die passenden Nomen in der Mehrzahl ein.

In Regenpausen bleiben die Kinder in ihren **Klassen**.

Einige Mädchen spielen gern _____.

Viele Jungen spielen lieber mit ihren _____.

Manche Kinder lesen in der Leseecke _____.

Andere Kinder nehmen ihre _____ und malen.

1. Nomen im Buchstabenteppich finden und Genus zuordnen
2. passende Nomen im Plural einsetzen

Ⅾ Wörterliste Deutsch/Familiensprache erstellen (analog zum Basisbuch S. 9)

▸ zu BB S. 8
▸ Diff.-Block S. 5–6
▸ AH B S. 66

Der bestimmte und der unbestimmte Artikel

① Trenne die Wörter durch Striche. Markiere alle Nomen.

DieLehrerinfährtmitdemFahrradzurSchule.

InderPausespieltderJungemitdemBall.

DasSpielunddasRollbrettsindimSchrank.

② Sortiere die Nomen in die Tabelle. Kontrolliere mit der Wörterliste.

● der – ein	● die – eine	● das – ein
	die Lehrerin	

 ③ Schreibe selbst Schlangensätze wie in Aufgabe ①.
Ein anderes Kind trennt die Wörter durch Striche.

④ Schreibe die Sätze zu den Bildern. Markiere die unbestimmten Artikel.

 Das ist ein Fahrrad.

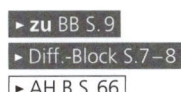

► zu BB S. 9
► Diff.-Block S. 7–8
► AH B S. 66

1. Wortgrenzen und Nomen erkennen
2. Nomen nach Genus sortieren und mit der Wörterliste überprüfen
3. eigene Schlangensätze schreiben
4. Nomen mit unbestimmtem Artikel

11

Schule

Einen Text planen – Ideen finden

① Wovor hat die Katze Angst? Male das Bild fertig.

② Schreibe zu deinem Bild ein Ideen-Netz.

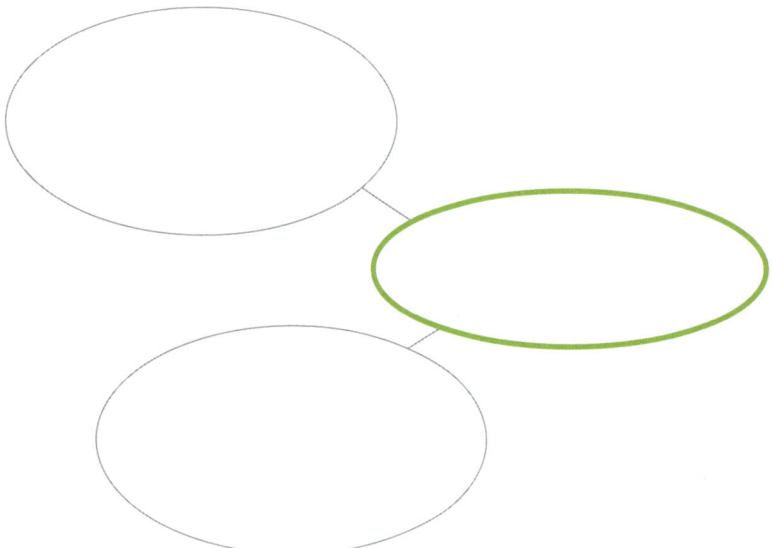

③ Erzähle deinem Partner von deiner Idee.

12
1. Bild malend ergänzen
2. Ideennetz/Mindmap schreiben
3. dem Partner von der Idee erzählen

D Idee des Partners nacherzählen;
eigene Idee als Geschichte aufschreiben

► zu BB S. 12–13

Eine Bildgeschichte weitererzählen

① Lies die Texte und ergänze die Bilder.
Schreibe den Text zum letzten Bild weiter.

Karli ist ein grünes Krokodil
mit roten Punkten.

Karli ist ein grünes Krokodil
mit roten Punkten.
Er lebt in einem großen Fluss und
frisst keine Fische so wie die anderen
Krokodile.

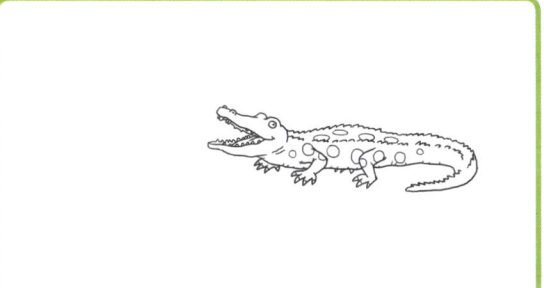

Karli ist ein grünes Krokodil
mit roten Punkten.
Er lebt in einem großen Fluss und
frisst keine Fische so wie die anderen
Krokodile. Am liebsten spielt Karli
Fangen mit dem gelben Fisch Samuel.

Karli ist ein grünes Krokodil
mit roten Punkten.
Er lebt in einem großen Fluss und
frisst keine Fische so wie die anderen
Krokodile. Am liebsten spielt Karli
Fangen mit dem gelben Fisch Samuel.

Eines Tages treffen sie beim Spielen

▸ zu BB S. 12 – 13
▸ Diff.-Block S. 9

1. Texte lesen, Bilder passend ergänzen
und den Text weiterschreiben

Ⓓ Überschrift finden; ggf. Text beenden
und überarbeiten; Text in der Klasse
präsentieren

13

Selbstlaute, Umlaute und Zwielaute

① Markiere die Selbstlaute **rot**, die Umlaute **grün** und die Zwielaute **gelb**.

② Wie viele Selbstlaute, Umlaute und Zwielaute sind es?
Schreibe die Zahl in den richtigen Kasten unter dem Text.

In der Frühstückspause sitzen
alle Kinder an ihren Tischen.
Es gibt Brötchen, Äpfel oder auch Gemüse.
Heute erzählt Frau Koch eine Geschichte
über Mäuse in einem Baumhaus.

Zwie heißt zwei.
Ein Zwielaut besteht
aus zwei Lauten.

a e i o u	ä ö ü	au äu ei eu
33		

③ Setze die Wörter zusammen und schreibe sie zum passenden Bild.
Zeichne Silbenbögen unter die Wörter.

Kä   Freun   Scho   Mäu   Bau   Zahn   Bü

bürs   se   ko   de   te   gel   ern

se   la   hof   ei   de   sen

 Käse    ____    ____

 ____    ____

 ____    ____

1./2. Selbstlaute, Umlaute, Zwielaute
erkennen und zählen
3. Wörter aus Silben zusammensetzen,
Silbenbögen einzeichnen

🅳 Silbenbögen in Aufgabe 2 einzeichnen

▸ zu BB S. 14–15
▸ Diff.-Block S.11
▸ AH B S.76

Wörter mit a – Wörter mit ä

① Was gehört zusammen? Verbinde es.

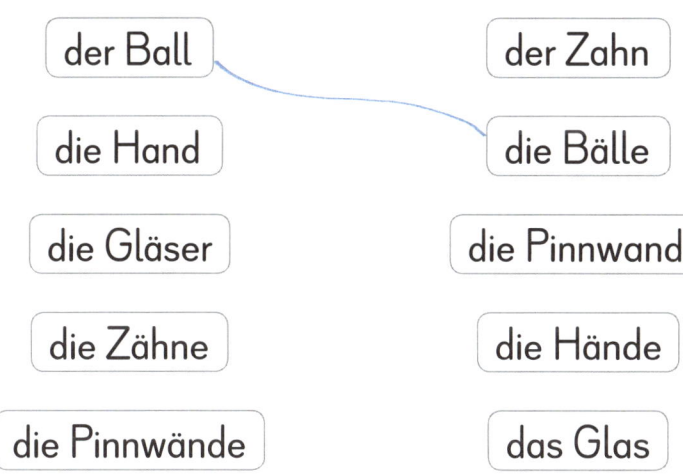

der Ball — die Bälle

der Zahn

die Hand

die Gläser

die Pinnwand

die Zähne

die Hände

die Pinnwände

das Glas

*Hier wird aus **a** in der Mehrzahl **ä**.*

② Trage die Nomen ein. Markiere immer den Selbstlaut **a** rot und den Umlaut **ä** grün.

Mehrzahl — **Einzahl**

die Bälle — kommt von → der Ball

_____ kommt von → _____

_____ kommt von → _____

_____ kommt von → _____

_____ kommt von → _____

_____ kommt von → _____

_____ kommt von → _____

③ Schreibe fünf weitere Nomen auf, bei denen aus dem Selbstlaut in der Einzahl ein Umlaut in der Mehrzahl wird:
das Buch – die Bücher, …

► zu BB S.14–15
► Diff.-Block S.12
► AH B S.79

1. Singular und Plural zuordnen (Stammumlautung)
2. Ableitung der Stammumlautung

3. weitere Wörter mit Stammumlautung sammeln und paarweise aufschreiben

15

Die Spieluhr

① Schau dir zuerst nur die Bilder an.
Wovon handelt die Geschichte wohl? Schreibe deine Vermutungen auf.

② Lies den Text.

*Martin hat einen Onkel, der bei der Polizei
arbeitet. Sein Name ist Kommissar Kugelblitz.
Heute braucht Martin seine Hilfe,
denn ein Dieb in Martins Schule macht*
5 *vielen Schülern Angst. Immer wieder
verschwinden Sachen …*

Martin hat eine tolle Armbanduhr zum
Geburtstag bekommen. Nicht nur als
Stoppuhr ist sie zu benutzen, sondern auch
10 als Wecker. Sie weckt mit einer Melodie.
„Fast noch schöner als meine Uhr", sagt
Rainer, als sie in der großen Pause die Uhren
vergleichen. Es klingt ein bisschen neidisch.

Zwei Stunden später ist Rainers Uhr
15 verschwunden. „Wer hat meine Uhr geklaut?",
ruft Rainer empört am Ende der Turnstunde.
„Ich habe sie dort auf die Fensterbank gelegt,
wo alle Uhren liegen, – und jetzt ist sie weg!"
Tränen schießen in seine Augen.

1. Leseerwartungen aufbauen
2. Text lesen

🄳 Austausch über Leseerwartungen mit
einem Partner

▸ zu BB S. 16–17

20 „Es muss einer aus der Klasse gewesen sein!", sagt Olaf.
„Oder einer aus der Fünften. Die haben nämlich vorhin
Fußbälle aus der Kiste neben dem Fenster geholt",
bemerkt Roland. Aber was nützt der Verdacht?
Die Uhr ist und bleibt verschwunden.

25 „Es ist schon die dritte Uhr, die im Turnunterricht
weggekommen ist", berichtet Martin seinem Onkel.
„Ich mag meine Uhr schon gar nicht mehr mit
in die Schule nehmen. Denn beim Turnen müssen
wir sie immer ausziehen und dann passiert's!"

30 „Einen Augenblick", sagt Kugelblitz nachdenklich.
„Ich habe eine Idee, wie du deine Uhr unbesorgt
ablegen kannst. Und du kannst damit sogar den Dieb fangen."

In der übernächsten Turnstunde ist es so weit:
Martins Uhr fehlt am Ende der Stunde.
35 Martin geht zum Turnlehrer und sagt ruhig:
„Wenn Sie jetzt bitte fünf Minuten lang
niemanden aus der Turnhalle lassen,
dann weiß ich, wer meine Uhr gestohlen hat."

Martin behält recht!
40 Fünf Minuten später zieht Roland mit knallrotem Kopf
die geklaute Uhr aus seiner Trainingshosentasche.

Ursel Scheffler

③ Überprüfe die Vermutung, die du vor dem Lesen aufgeschrieben hast.

④ Löse den Fall. Welchen Tipp hat Kommissar Kugelblitz Martin gegeben?

_____

_____

3. Leseerwartungen überprüfen
4. Tipp von Kugelblitz: *Stelle den Wecker
deiner Uhr so, dass er am Ende der Turnstunde klingelt.*

◗ weitere Kommissar-Kugelblitz-Geschich-
ten kennen lernen und neue Fälle lösen

17

① Markiere alle Nomen und schreibe sie in die Tabelle.
Schreibe die Mehrzahl dazu. Denke an die Artikel.

| SEIL | SCHLAU | BADEHOSE | SCHNELL | SCHRANK |

Einzahl	**Mehrzahl**

☺ 😐 ☹

② Schreibe immer den **un**bestimmten Artikel zu den Nomen.

Pinnwand

Roller

Rollbrett

Bürste

Federball

Handtuch

☺ 😐 ☹

③ Welche Laute gehören in welche Kästen? Sortiere sie richtig ein.

| a | e | ä | au | ö | i | äu | ü | ei | o | eu | u |

Selbstlaute	**Umlaute**	**Zwielaute**

☺ 😐 ☹

1. Nomen erkennen und mit bestimmtem
Artikel aufschreiben
2. unbestimmten Artikel zuordnen

3. Selbstlaute, Umlaute und Zwielaute
unterscheiden und einsortieren

Ein Lied in vielen Sprachen

① Lies das Lied. Markiere die Wörter auch im niederländischen und im englischen Text. Male die Bilder dazu.

Es war eine Mutter,

die hatte vier Kinder:

den Frühling, den Sommer,

den Herbst und den Winter.

Het was een moeder,

die had vier kinderen:

de lente, de zomer,

de herfst en de winter.

Once there was a mother,

who had four children:

the spring, the summer,

the autumn, the winter.

② Kennst du die Wörter auch noch in einer anderen Sprache?
Schreibe sie auf.

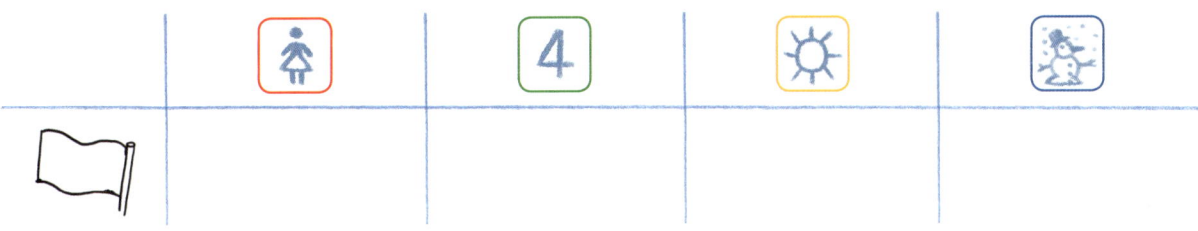

1. Lied kennen lernen; Wörter in anderen
Sprachen wiedererkennen
2. bzw. aufschreiben

▶ Lied in verschiedenen Sprachen singen;
Lieblingslied aufschreiben, vorsingen oder
vorspielen (CD)

19

Ich und du

Glück in vielen Sprachen

① Verbinde die Sprechblasen mit den passenden Flaggen.

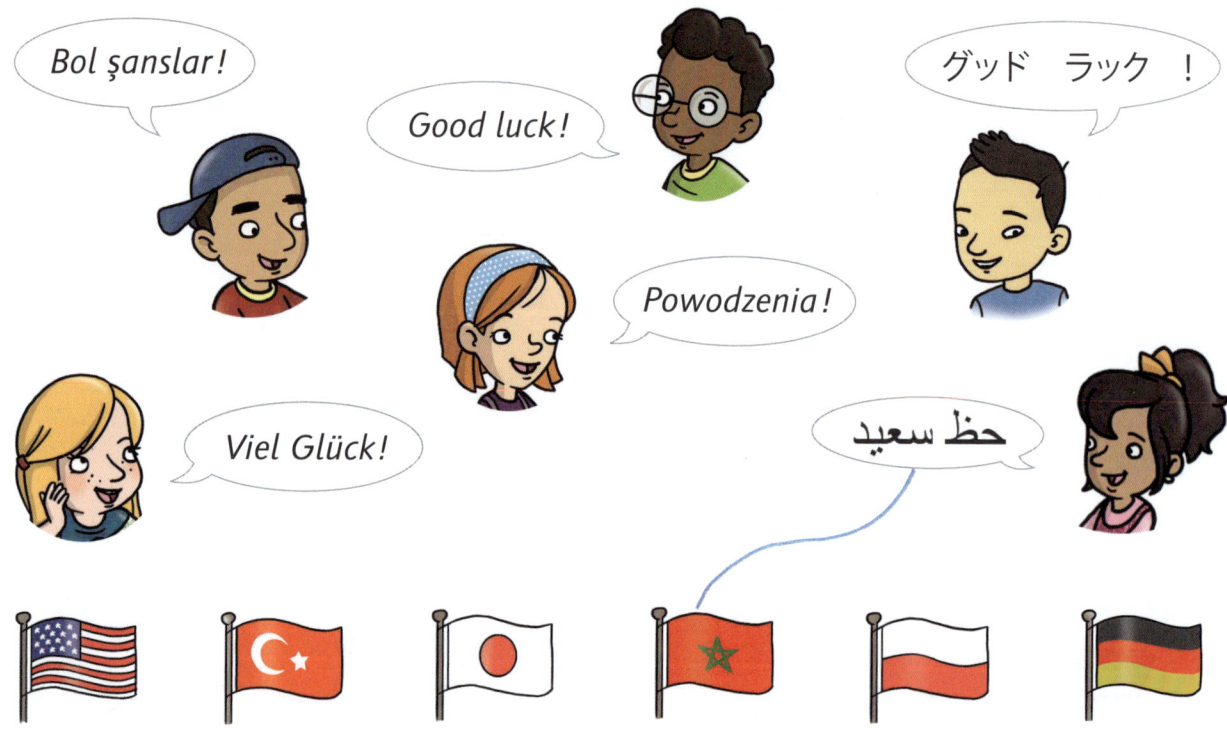

② Sammelt Glückwünsche auch in den Sprachen eurer Klasse.
Sprecht sie euch vor.

③ Verbinde die Bilder mit den passenden Sätzen.

1./2. Glückwünsche in anderen Sprachen
3. Sätze zuordnen (Wortfeld *Geburtstag*)
Ⓓ Geburtstagsrituale in anderen Ländern

Ⓤ Poln.: powodzenia – powoddzennia;
Türk.: bol şanslar – boll schanßlarr
Arab. (Marokko): chass sa-id
Japan.: guhd lack (*good luck*)

► zu BB S. 18–19

Wie feierst du Geburtstag?

① Immer zwei Antworten passen zu jeder Frage.
Male die Sprechblasen in der richtigen Farbe an.

Ich lade meine Familie ein.

Wo feierst du?

Ich feiere auf dem Spielplatz.

Ich feiere zu Hause.

Wen lädst du ein?

Ich lade viele Freunde ein.

Ich wünsche mir einen Fußball.

Wie lange feierst du?

Ich darf bis 18 Uhr feiern.

Ich darf ganz lange aufbleiben.

Was wünschst du dir?

Ich wünsche mir eine CD.

② Schreibe auf, wie du dir deine Geburtstagsfeier vorstellst.
Die Fragen von Aufgabe ① können dir dabei helfen.

Ich feiere

Sätze bilden

① Würfle Sätze. Ergänze die fehlenden Artikel.

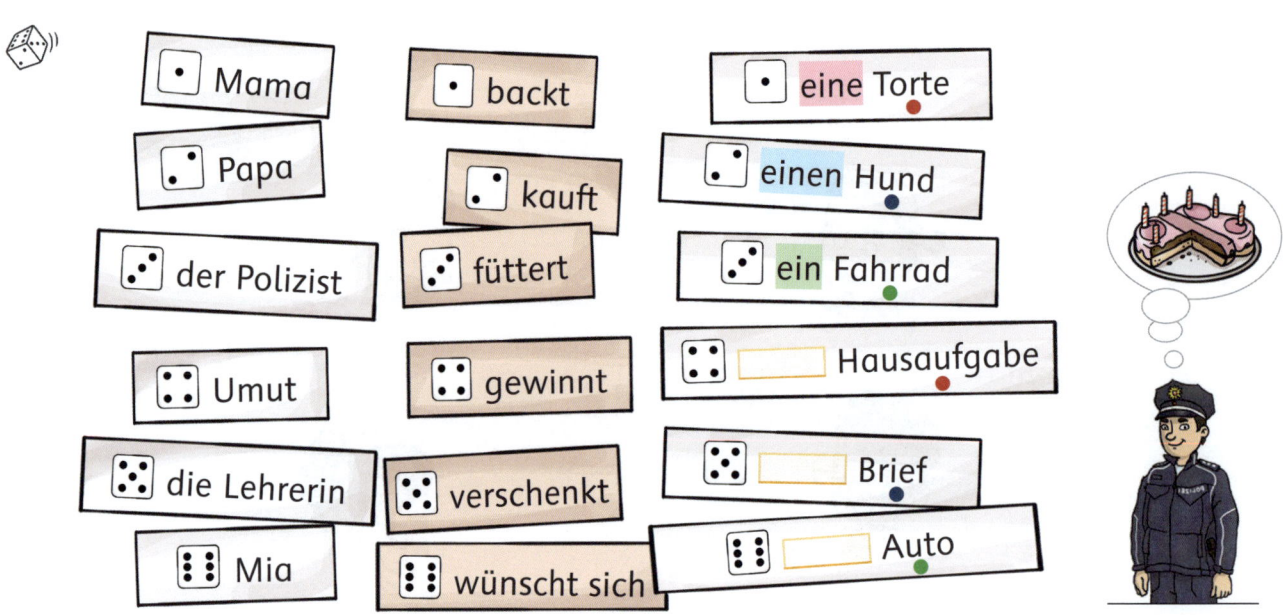

⊡ Mama   ⊡ backt   ⊡ eine Torte

⊡ Papa   ⊡ kauft   ⊡ einen Hund

⊡ der Polizist   ⊡ füttert   ⊡ ein Fahrrad

⊡ Umut   ⊡ gewinnt   ⊡ _____ Hausaufgabe

⊡ die Lehrerin   ⊡ verschenkt   ⊡ _____ Brief

⊡ Mia   ⊡ wünscht sich   ⊡ _____ Auto

② Schreibe sechs Sätze auf. Achte auf die Großschreibung am Satzanfang.

⊡ ⊡ ⊡ **Der Polizist wünscht sich eine Torte.**

☐ ☐ ☐ _____

☐ ☐ ☐ _____

☐ ☐ ☐ _____

☐ ☐ ☐ _____

☐ ☐ ☐ _____

③ Überlege, welche Sätze nicht stimmen können.
Schreibe einen Unsinnssatz auf.

☐ ☐ ☐ _____

_____

1. Sätze mit Akkusativobjekten bilden
2. gewürfelte Sätze aufschreiben
3. Unsinnssatz aufschreiben

▶ zu BB S. 20

Mit oder ohne?

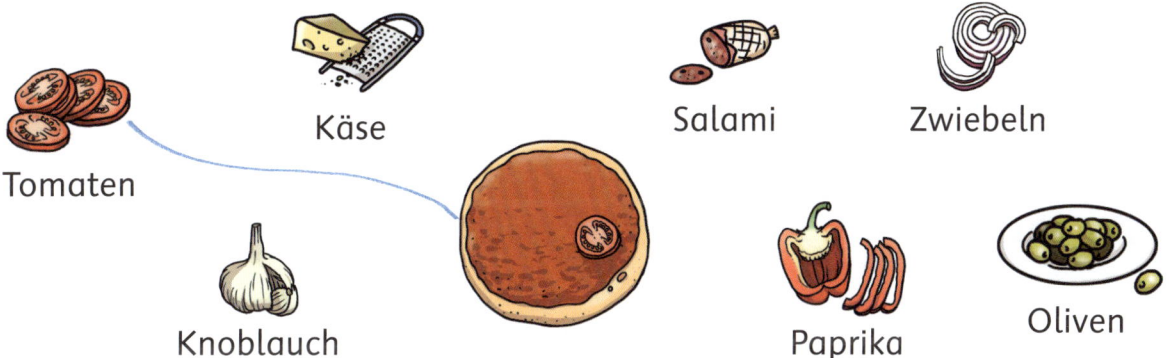

Tomaten · Käse · Salami · Zwiebeln · Knoblauch · Paprika · Oliven

① Lies die Treppensätze. Was legt Umut auf seine Pizza? Verbinde.

Umut backt.
Umut backt eine Pizza mit Tomaten.
Umut backt eine Pizza mit Tomaten und mit Zwiebeln.
Umut backt eine Pizza mit Tomaten und mit Zwiebeln und mit Käse.
Umut backt eine Pizza mit Tomaten und mit Zwiebeln und mit Käse,
aber ohne Knoblauch.

② Wähle aus, was auf deine Pizza soll. Schreibe Treppensätze dazu.

Ich backe.

Ich backe eine Pizza mit _____ .

_____

_____

_____

_____

③ Wähle aus, welches Eis du essen möchtest.
Schreibe Treppensätze dazu: Ich esse.
Ich esse Eis mit

Erdbeeren · Kirschen · Sahne · Schokosoße · Vanillesoße

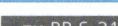 ▶ zu BB S. 21

1. Treppensätze lesen und Bilder zuordnen
2./3. selbst Treppensätze schreiben

Ⓓ selbst Treppensätze zu weiteren
Speisen (Salat, Brot …) mit verschiedenen
Zutaten schreiben

23

Nomen in der Mehrzahl

① Schreibe zu allen Nomen die Mehrzahl.
Markiere, was sich in der Mehrzahl verändert.

Einzahl	Mehrzahl am Ende mit e	Einzahl	Mehrzahl am Ende mit n
die Hand	die Hände	der Name	
der Monat		die Flasche	
der Brief		die Torte	
das Spiel		die Lampe	
das Tor		das Auge	

Einzahl	Mehrzahl am Ende mit en	Einzahl	Mehrzahl am Ende mit er
das Herz		der Mann	die Männer
die Tür		das Brett	
die Zahl		das Kind	
der Bär		das Rad	
das Ohr		das Schild	

② Suche noch mehr passende Wörter in der Wörterliste oder
im Wörterbuch und schreibe sie auch in die Tabelle.

1. Mehrzahlformen der Nomen bilden
(ggf. in der Wörterliste nachschlagen);
Stammvokalwechsel und Endungen
markieren

2. Nomen in der Wörterliste (im Wörterbuch) suchen und einordnen

► zu BB S. 22
► Diff.-Block S. 15–16

③ Schreibe zu allen Nomen die Mehrzahl.
Markiere, was sich in der Mehrzahl verändert.

④ Suche noch mehr passende Wörter in der Wörterliste oder
im Wörterbuch und schreibe sie auch in die Tabelle.

> *Manchmal verändert sich
> in der Mehrzahl nichts.*

Einzahl	Mehrzahl am Ende mit s	Einzahl	Mehrzahl wie Einzahl
der Schal	die Schals	der Bagger	
das Radio		der Kuchen	
das Kino		der Zettel	
das Handy		das Fenster	

⑤ Setze die Nomen in der Mehrzahl ein.

Am Geburtstag gibt es viel zu tun

Mia schmückt die _____ und die _____.
● *Fenster*   ● *Tür*

Sie holt die beiden _____ aus der Küche.
● *Torte*

Auf den Tisch stellt sie kleine _____.
● *Schild*

Darauf hat sie die _____ geschrieben.
● *Name*

Dort liegen auch die _____ für die _____.
● *Zettel*   ● *Spiel*

3. Mehrzahlformen der Nomen bilden
(ggf. in der Wörterliste nachschlagen);
Stammvokal und Endungen markieren

4. Nomen in der Wörterliste (im Wörterbuch) suchen und einordnen
5. Nomen in der Mehrzahl einsetzen

Zusammengesetzte Nomen

① Bilde zusammengesetzte Nomen und schreibe sie auf.
Markiere immer das **s** zwischen den beiden Nomen.

● Kuchen ● Zahl ● Eis

● Lieblings

● Kleid ● Farbe ● Buch

der Lieblingskuchen

_____

_____

_____

_____

_____

● Rad ● Pilz ● Kind

● Glücks

● Klee ● Stern ● Fee

_____

_____

_____

_____

_____

② Trage die passenden zusammengesetzten Nomen ein.

Umut liest aus seinem _____ vor.

Am Geburtstag trägt Mia ihr _____ .

Die _____ gibt es nur im Märchen.

1. Komposita mit Fugen-s bilden und
2. in Satzzusammenhänge einsetzen
❗ Komposita ohne Fugenmorphem
wiederholen

Ⓓ selbst Sätze mit zusammengesetzten
Nomen bilden

► zu BB S. 23 und S. 25
► Diff.-Block S. 17–18
► AH B S. 67

③ Schreibe die zusammengesetzten Nomen getrennt auf.

das Verkehrsschild = der Verkehr + das Schild

der Verkehrspolizist = ⬚ + ⬚

das Übungsheft = ⬚ + ⬚

die Himmelsrichtung = ⬚ + ⬚

④ Trage die passenden zusammengesetzten Nomen ein.

Der ⬚ regelt den Verkehr.

Der Kompass zeigt die ⬚ an.

Das ⬚ ist schon vollgeschrieben.

Vor der Schule steht ein ⬚,
damit die Autofahrer auf die Kinder achten.

3. Komposita mit Fugen-s zerlegen
4. Komposita passend einsetzen
❗ Wortschatz: Himmelsrichtung / Kompass

27

Ein Fest planen

① Beantworte die Fragen für dein Fest.
Schreibe auch eigene Ideen in die leeren Zeilen.

Wer ist eingeladen?

☐ Mama   ☐ Papa

Wozu willst du einladen?

☐ zu meinem Geburtstag   ☐ zu einem Picknick im Park

☐ auf den Abenteuerspielplatz   ☐ zu einem Spiele-Nachmittag

Wie lange feierst du?

☐ Ich feiere von 14 bis 18 Uhr.

☐ Ich feiere von _____ bis _____ Uhr.

Wo feierst du? Schreibe die Straße dazu.

☐ bei mir zu Hause: _____

☐ _____

1. Bestandteile einer *Einladung* planen;
Leitfragen für das Schreiben nach Vorlage

▸ zu BB S. 26–27

Eine Einladung schreiben

① Ergänze die Einladung.

Einladung

Wer?
Liebe
Lieber

_____ ,

ich lade dich herzlich

Wozu? → _____ ein.

Ich feiere am _____ ,

Wann?
Wochentag

dem _____

Datum

Wie lange? → von _____ bis _____ Uhr.

Wo? → Wir treffen uns _____

_____ .

_____ _____

Wer lädt ein?

Deine
Dein

Hier ist Platz für eigene Ideen!

② Schreibe die Einladung ab und gestalte sie oder schreibe eine eigene Einladung.

▸ zu BB S. 26–27
1. Einladung nach erarbeiteten Kriterien schreiben
2. eine Einladung gestalten
29

Lange und kurze Selbstlaute

① Ergänze das passende Reimwort.
Markiere den langen oder den kurzen Selbstlaut.

Der Hase hat eine rote **Nase** .

Die Rose ist in der [＿＿＿＿＿＿＿] .

Die Sonne scheint auf die [＿＿＿＿＿＿＿] .

Die Mutter kauft frische [＿＿＿＿＿＿＿] .

Kein Besen kann [＿＿＿＿＿＿＿] .

Es ist besser, du schneidest mit dem [＿＿＿＿＿＿＿] .

● Messer

lesen

● Butter

● Tonne

● Nase

● Dose

---

② Sortiere die Wörter aus dem Rätsel nach Wortarten.
Markiere den kurzen Selbstlaut.

X	C	B	L	I	T	Z	R	U	W
N	E	M	B	R	Ü	C	K	E	Y
Q	S	I	T	Z	E	N	W	R	I
B	U	C	P	L	A	T	Z	E	N
A	B	K	A	T	Z	E	P	Ü	Z
Y	S	O	C	K	E	N	X	Q	W
S	O	U	B	A	C	K	E	N	A
A	U	W	E	C	K	E	N	R	Q

Nomen: **der Blitz,** [＿＿＿＿＿＿＿＿＿＿＿＿＿＿]

Verben: [＿＿＿＿＿＿＿＿＿＿＿＿＿＿＿＿＿＿]

[＿＿＿＿＿＿＿＿＿＿＿＿＿＿＿＿＿＿]

③ Finde zu den Wörtern aus Aufgabe ② Reimwörter und schreibe sie
 auf: der Blitz – der Witz, …

---

1. Reimwort zuordnen, Vokallänge markieren; 2. Wörter mit *tz* und *ck* nach Wortarten sortieren, Vokallänge markieren

3. Reimwörter mit *tz* und *ck* finden

▸ **zu** BB S. 28–29
▸ Diff.-Block S. 21–22
▸ AH B S. 77

Richtig abschreiben

backen

Wort lesen

ein

schwierige Stellen
markieren

b-a-ck-e-n

abdecken, schreiben
und mitsprechen

kontrollieren und
verbessern

① Schreibe den Text ab.

Mia wünscht sich

neue Glitzerstifte

zum Geburtstag.

Sie hat viele Kinder

eingeladen.

An der Tür hängen

bunte Luftballons.

Papa hat einen

Kuchen gebacken.

Mia freut sich

auf die Gäste.

	ja	nein

② Kontrolliere: Hast du alle Punkte gesetzt? ☐ ☐

Hast du alle Nomen großgeschrieben? ☐ ☐

1. Text gemäß der bekannten Strategie abschreiben

2. Fragen durch Ankreuzen beantworten; evtl. im Tausch überprüfen (Partnerkontrolle)

Was ist eigentlich ein Gedicht?

① Lies den Sachtext.

Viele Gedichte reimen sich.
Oft stehen die Reimwörter
am Ende der Zeile.
Eine Zeile nennen wir Vers.

Gedichte haben oft mehrere Absätze.
Den Absatz nennen wir Strophe.

Viele Gedichte haben eine Überschrift.
Am Ende des Gedichtes steht, wer es geschrieben hat.
Das ist der Autor oder die Autorin.

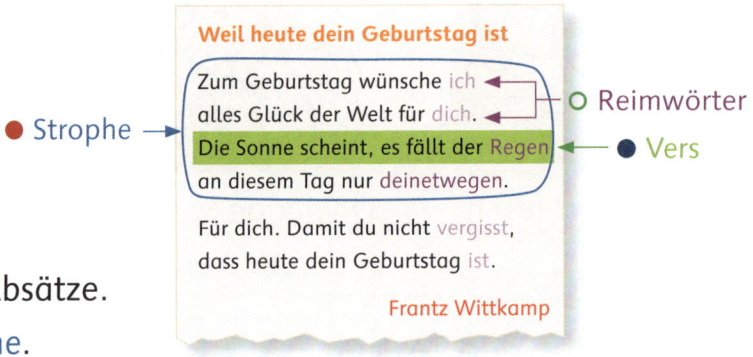

● Strophe

Weil heute dein Geburtstag ist

Zum Geburtstag wünsche ich
alles Glück der Welt für dich.
Die Sonne scheint, es fällt der Regen
an diesem Tag nur deinetwegen.

Für dich. Damit du nicht vergisst,
dass heute dein Geburtstag ist.

Frantz Wittkamp

○ Reimwörter
● Vers

---

② Lies das Gedicht. Schreibe die Fachbegriffe an die richtige Stelle.

Manchmal ◄─────────────────── **die Überschrift**

Manchmal möchte ich singen und lachen, ◄
manchmal möchte ich fröhlich sein,
dann brauche ich dich zum Blödsinnmachen, ◄
dann ruf ich dich zu mir herein.

Manchmal will ich nichts hören und sehen, ◄
manchmal will ich nur traurig sein,
dann wünsche ich mir, du würdest gehen,
dann bin ich am liebsten allein.

Manfred Mai ◄

③ Beantworte die Fragen:

Wie viele Strophen hat das Gedicht? ☐

Wie viele Verse hat eine Strophe? ☐

Wie heißt der Autor?

---

1. Inhalt des Sachtextes/Fachbegriffe auf
das Gedichtbeispiel beziehen
2./3. Fachbegriffe kennen und verwenden

🅓 Gedicht sinnbetont vortragen; Fachbegriffe auf weitere Gedichte anwenden

▸ **zu** BB S. 30–31
▸ Diff.-Block S. 23–24

① Lies das Gedicht.

Mein Gedicht für dich

Ich schenke dir ein Schloss , das ist nicht bezahlt,

und Rosen , die sind aus Papier,

und Edelsteine , die sind nur gemalt,

und Gedichte, die sind von mir.

Frantz Wittkamp

Auto   Raumschiff   Sterne   Tulpen   Ohrringe

Haus   Boot   Äpfel   Pferdchen   Perlen   Ringe

② Schreibe selbst ein Gedicht. Die Wörter auf den Kärtchen helfen dir.
Du kannst auch eigene Wörter dazuschreiben.

③ Finde eine Überschrift für dein Gedicht.

1. Gedicht lesen
2. generatives Schreiben nach Vorlage
3. zum eigenen Text Überschrift finden

D eigenes Gedicht mit dem Computer
abschreiben und präsentieren

33

① Wie viele Dinge siehst du im Bild? Schreibe es auf.

4 Luftballons

② Setze immer zwei Nomen zusammen. Denke an das *s* in der Mitte.
Trage die zusammengesetzten Nomen in die passenden Sätze ein.

Schmetterling ⊂ | Liebling ⊂ ⊂ Feier ⊂ ⊂ Spiel ⊂ ⊂ Buch | Erinnerung ⊂

Verkleidung ⊂ ⊂ Foto ⊂ Kuchen | Geburtstag ⊂ | Überraschung ⊂ ⊂ Ei

Eine tolle Feier

Mias _____ war sehr lustig.

Es gab einen _____ .

Das _____ war lustig.

Zum Schluss haben wir ein _____

und ein _____ bekommen.

Über ihr _____ hat sich Mia sehr gefreut.

1. Nomen in die Mehrzahl setzen
2. Komposita mit Fugen-s bilden und
passend einsetzen

Ein Akrostichon schreiben

① Lies die beiden Gedichte. Was fällt dir auf?

Was passt zu mir?

Ideen haben
Computer spielen
Handball spielen

Was passt zu dir?

Drachen basteln
U-Bahn fahren

② Schreibe selbst ein solches Gedicht. Man nennt es Akrostichon.

Was passt zu meinem Freund?
Was passt zu meiner Freundin?

F _____

R _____

E _____

U _____

N _____

D _____

I _____

N _____

Fußball spielen
Fahrrad fahren
Ferien genießen

Rätsel lösen
Ritter spielen
Roboter erfinden

Essen kochen
Elefanten reiten

Unsinn machen
Ufos entdecken

Nudeln kochen
Nachts schlafen
Nüsse knacken
Nase bohren

Döner essen
Dornröschen aufwecken

Indianer spielen
Interviews machen
Igel beobachten

③ Schreibe ein Akrostichon zu deinem Namen.

▶ Diff.-Block S. 19   1. Struktur des Akrostichons erfassen   **D** Akrostichons in einer anderen Sprache   2./3. ein Akrostichon schreiben   schreiben

35

Wo ist was?

① Verbinde.

Wo ist der Sportplatz?

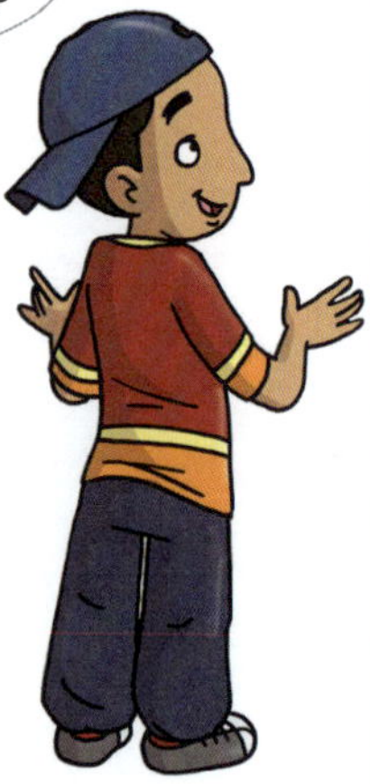

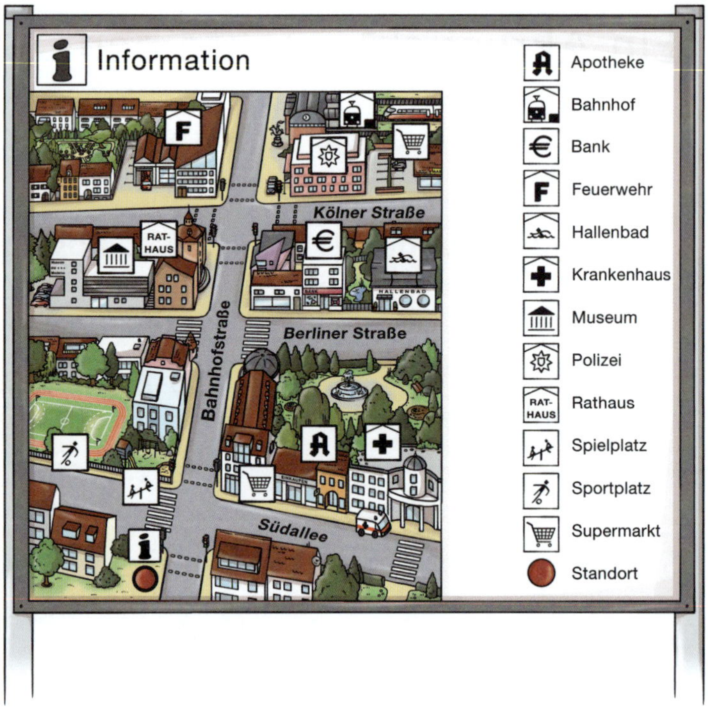

Information

🅰	Apotheke
	Bahnhof
€	Bank
F	Feuerwehr
	Hallenbad
✚	Krankenhaus
⅏	Museum
	Polizei
RAT-HAUS	Rathaus
	Spielplatz
	Sportplatz
🛒	Supermarkt
●	Standort

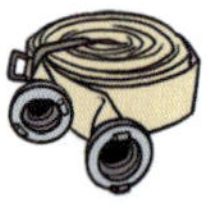

Feuerwehr ●

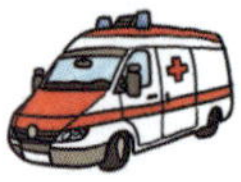

Krankenhaus ●

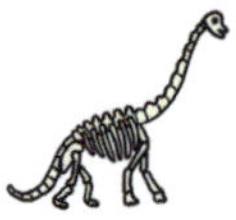

Museum ●

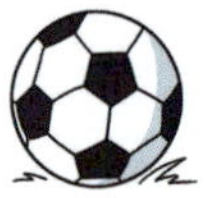

Sportplatz ●

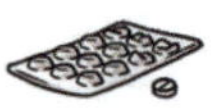

Apotheke ●

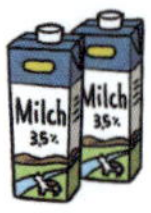

Supermarkt ●

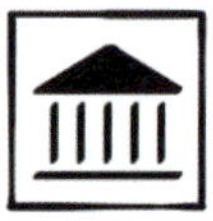

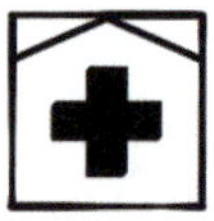

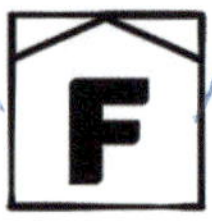

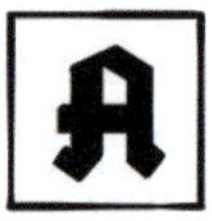

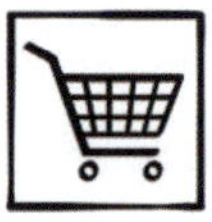

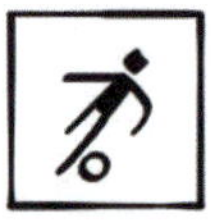

in der Kölner Straße

in der Südallee

in der Berliner Straße

② Wo ist was? Schreibe die Fragen und Antworten in dein Heft.

Wo ist die Feuerwehr? Die Feuerwehr ist in der Kölner Straße.

1. Orientierung im Ortsplan; Piktogramme lesen
2. Wo-Fragen stellen und beantworten

D in Partnerarbeit gegenseitig Fragen zum Ortsplan stellen (Fragen und Antworten auf Kärtchen schreiben)

▶ zu BB S. 32–33

Links oder rechts?

Du biegst rechts ab.

Du biegst links ab.

Du gehst geradeaus.

Du gehst an ⬤ vorbei.

① Schreibe den richtigen Weg auf.

Bahnhofstraße ⬆

⬅ Südallee

Wie komme ich zum Sportplatz?

Du gehst die Bahnhofstraße geradeaus.
Dann biegst du links in die Südallee ab.
Danach gehst du am Spielplatz vorbei.
Dann kommst du zum Sportplatz.

Bahnhofstraße ⬆

⬅ Berliner Straße

RAT-HAUS

Wie komme ich zum Museum?

Du gehst

② Erkläre, wie Mia vom Standort zum Supermarkt kommt.

 Schreibe es in dein Heft. Du gehst …

① Spielt das Spiel. Wer auf ein Feld mit einer Person 👓 kommt, der sagt, wohin diese Person will und wohin sie nicht will.

> Richtig: Zwei Felder vorrücken.
> Falsch: Einmal aussetzen und
> dann noch einmal versuchen.

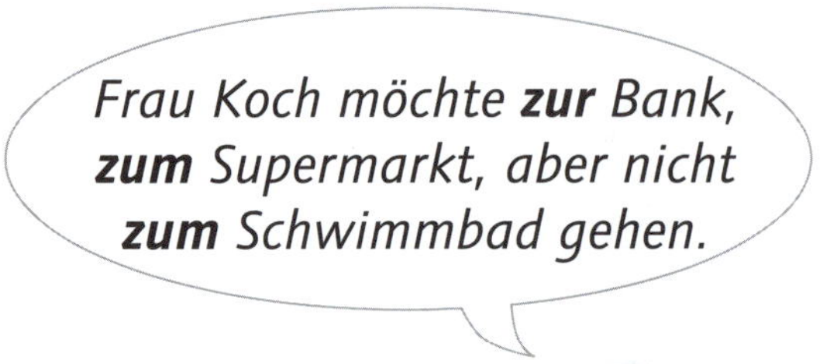

*Frau Koch möchte **zur** Bank, **zum** Supermarkt, aber nicht **zum** Schwimmbad gehen.*

Frau Koch

Emiras Vater

RAT-HAUS

Dilara

Timos Oma

Start

Ziel

Spiel zur Übung von Wegbeschreibungen mit *zum/zur*; Lesen von Piktogrammen; Verneinung mit *aber*

🍴 das Restaurant

► **zu** BB S. 34–35
► Diff.-Block S. 30

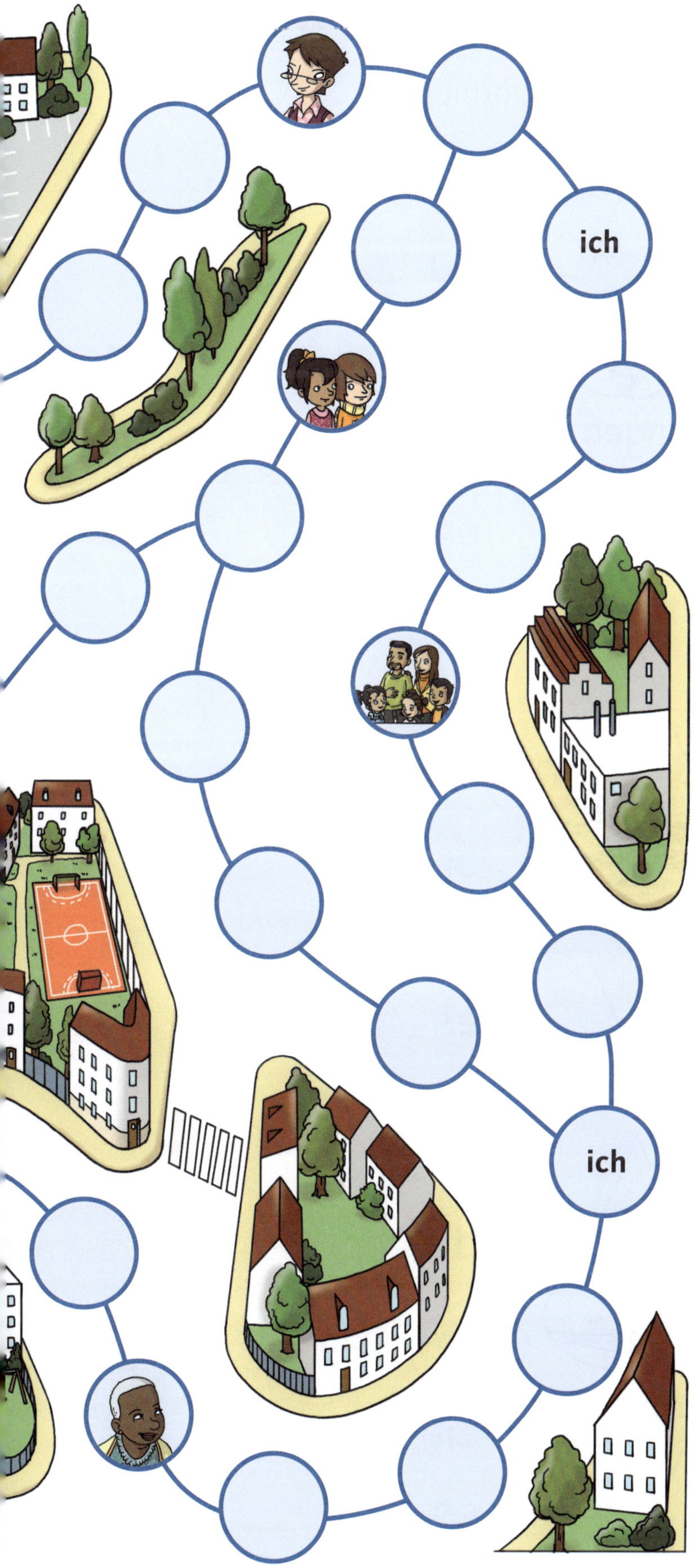

Emira und Momo

Lisas Mama

Emiras Familie

Timo

ich

ich

ich

ich

D eigene Spielregeln erfinden, eine Spiel-
anleitung schreiben; evtl. dabei Piktogramme verwenden

39

Verben in der Grundform und in der Personalform

① Setze die Verben in den richtigen Personalformen ein.

Verbstern 1: singen

ich singe

sie (alle)

ihr

wir

du

er

sie

es

Verbstern 2: spielen

ich

sie (alle)

ihr

wir

du

er

sie

es

Verbstern 3: schwimmen

ich

sie (alle)

ihr

wir

du

er

sie

es

1. Verbsterne: Personalformen bilden   🇩 selbst Verbsterne zu weiteren Verben zeichnen und beschriften

▸ zu BB S. 36–37
▸ Diff.-Block S. 25–26
▸ AH B S. 68

① Würfle Sätze. Schreibe zehn Sätze auf.

Achte auf die Endungen der Verben und die Großschreibung am Satzanfang.

⚀ ich	⚀ renn?	⚀ im Supermarkt
⚁ du	⚁ hüpf?	⚁ in der Schule
⚂ er/sie/es	⚂ lieg?	⚂ im Krankenhaus
⚃ wir	⚃ spiel?	⚃ im Hallenbad
⚄ ihr	⚄ sing?	⚄ im Museum
⚅ sie (alle)	⚅ mal?	⚅

⚅ ⚃ ⚄ **Sie singen im Museum.**

1. Sätze erwürfeln, Personalformen bilden und aufschreiben   ▣ weitere Sätze ins Heft schreiben und eigene Ortsangaben finden

41

Pronomen gehören zu Nomen

① Verbinde, was zusammengehört.

er   sie   es

② Setze die Pronomen ein und markiere sie in der richtigen Farbe.

Der Junge geht zum Sportplatz.

Er _____ nimmt seine Sporttasche mit.

Mias Mutter steht an der Ampel.

_____ ist auf dem Weg zur Arbeit.

Das Kind fährt Fahrrad.

_____ hat einen Fahrradhelm auf.

Das Baby ist noch ganz klein.

_____ liegt im Kinderwagen.

Die Oma sitzt im Eiscafé.

_____ isst einen Erdbeerbecher.

Der Polizist kauft ein.

_____ braucht eine neue Jacke.

Das Auto steht am Straßenrand.

_____ hat einen platten Reifen.

Der Hund sitzt vor dem Geschäft.

_____ wartet auf sein Herrchen.

1. Personalpronomen zuordnen
2. Personalpronomen einsetzen

▶ zu BB S. 36–37
▶ Diff.-Block S. 27

Das Pronomen *es*

① Schreibe zu jedem Bild das passende Verb in der richtigen Form.

regn**en**   blitz**en**   donner**n**   schnei**en**   stürm**en**   hagel**n**

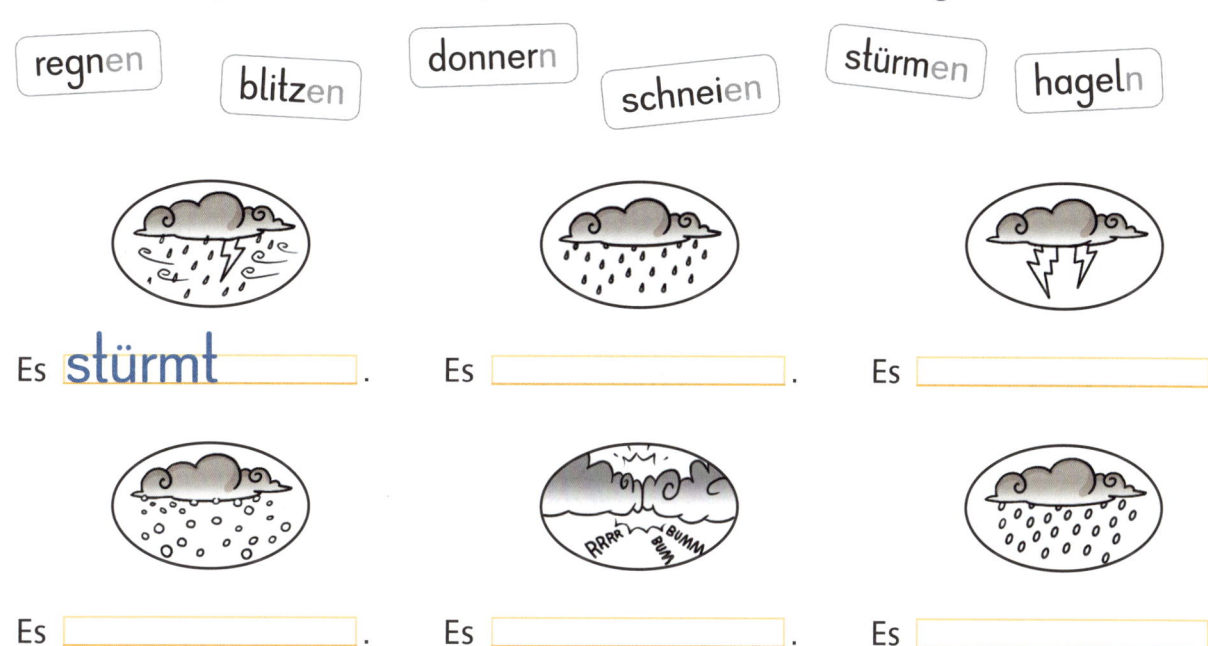

Es **stürmt**_____.   Es _____.   Es _____.

Es _____.   Es _____.   Es _____.

② Ergänze die Sätze.

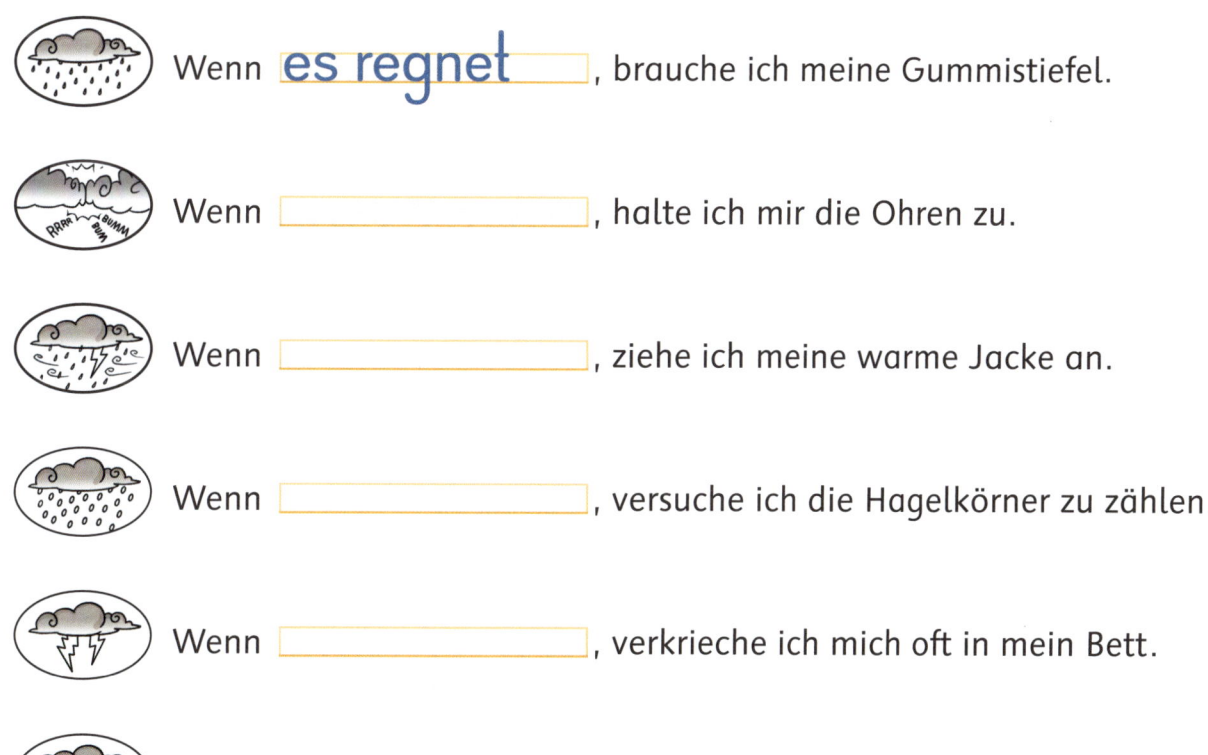

Wenn **es regnet**_____, brauche ich meine Gummistiefel.

Wenn _____, halte ich mir die Ohren zu.

Wenn _____, ziehe ich meine warme Jacke an.

Wenn _____, versuche ich die Hagelkörner zu zählen.

Wenn _____, verkrieche ich mich oft in mein Bett.

Wenn _____, baue ich einen Schneemann.

Einen Bericht ordnen

① Nummeriere die Sätze in der richtigen Reihenfolge.
Die Bilder helfen dir. Achtung: Ein Satz ist falsch. Streiche ihn durch.

☐ Die Feuerwehr fährt eine Leiter aus.

☐ Ein Löschfahrzeug fährt zum Schlosspark. Emira und Mia warten schon.

☐ Eine Feuerwehrfrau klettert die Feuerwehrleiter hinauf.

☐ Emira ruft die Notrufnummer 112 an. Sie sagt: „Auf einem Baum im Schlosspark sitzt eine Katze und miaut ganz laut. Sie kommt alleine nicht herunter."

☐ Die Feuerwehrfrau holt die Katze vom Baum.

☐ Die Feuerwehrleute löschen den Brand.

☐ 1 Auf einem Baum im Schlosspark sitzt seit gestern eine Katze.

② Schreibe die Sätze in der richtigen Reihenfolge ab.
Schreibe auch eine passende Überschrift dazu.

1. Sätze chronologisch ordnen; den falschen Satz streichen; 2. Text abschreiben und passende Überschrift finden

⚑ abwechslungsreiche Satzanfänge finden: *dann*, *danach* usw.; einen eigenen Bericht schreiben

► zu BB S. 40–41

Notruf!

① Streiche die falsche Antwort durch und trage die richtige Antwort ein.

Was machst du, wenn es brennt?

Wenn es brennt, _____ .

| rufe ich die Polizei an | rufe ich 112 an |

Wie meldest du dich?

Ich melde mich _____

_____ .

| mit meinem Vornamen und Nachnamen | mit dem Namen meines Bruders |

Was sagst du dann?

Ich sage, _____ .

| dass es brennt | dass mir langweilig ist |

Was nennst du dann?

Ich nenne _____

_____

_____ .

| meine Straße und Hausnummer | die Straße und die Hausnummer des brennenden Hauses |

Was sagst du weiter?

Ich sage, _____

_____ .

| dass ich mit dem Fahrrad hingefallen bin | wie viele Verletzte es gibt |

Was nennst du zum Schluss?

Ich nenne _____ .

| meine Schuhgröße | meine Telefonnummer |

1. Sätze mit den richtigen Ergänzungen vervollständigen; falsche Satzteile streichen

🇩 Plakat zum Thema *Notruf* gestalten und in der Schule aushängen, auch in verschiedenen Klassensprachen

Nomen verlängern ↪

① Was gehört zusammen?
Verbinde die Wortkarten und ergänze den fehlenden Buchstaben.

der Mon d | der Wal ☐ | der Sta ☐ | der Zwer ☐

die Stä ☐ e | die Mon d e | die Zwer ☐ e | die Wäl ☐ er

② Ergänze und male die Silbenbögen ein.

● der Mon d → die Monde → der Mond

● der Zu ☐ →

● der Kor ☐ →

● das Klei ☐ →

● das Fahrra ☐ →

● die Bur ☐ →

③ Schreibe die Reimpaare auf.

Dieb – Sieb

1.–3. Nomen mit Auslautverhärtung:
Verlängerungsstrategie anwenden

▸ zu BB S. 42–43
▸ Diff.-Block S. 31–32
▸ AH B S. 78

④ Löse das Rätsel. Verlängere die Nomen, bevor du sie aufschreibst.

F L U G Z E U G

⑤ Schreibe den Text ab.

Umut und Papa stehen

am Herd. Sie kochen.

Papa gießt die Nudeln

in ein Sieb. Autsch!

Papa verbrennt sich

die Hand und spritzt

sein Hemd nass.

Umut tröstet Papa.

Fragen beantworten

① Welche Antwort passt zu welcher Frage?

> **Was** bedeutet *bergen*?

> **Wer** wird bei Bränden oder Unfällen zuerst gerettet?

> **Woraus** sind die Jacke, die Hose und die Handschuhe der Feuerwehrleute?

> **Wozu** brauchen die Feuerwehrleute einen Helm?

> Mit dem Helm schützen sie den Kopf.

> *Bergen* bedeutet, dass die Feuerwehr einen Menschen oder ein Fahrzeug in Sicherheit bringt.

> Bei Bränden oder Unfällen werden zuerst Menschen und Tiere gerettet.

> Die Jacke, die Hose und die Handschuhe sind aus einem Material, das schwer brennt.

② Welche Frage passt zu welcher Antwort?
Ergänze die Karten und verbinde.

> Was gehört _____
>
> _____
>
> _____ ?

> Was ist _____ ?

> Welche Aufgaben _____
>
> _____ ?

> Ein Löschzug besteht aus mehreren Feuerwehrautos und Besatzung.

> Die Feuerwehr hat vier Aufgaben: *retten*, *löschen*, *bergen* und *schützen*.

> Zur Ausrüstung der Feuerwehrleute gehören der Helm, das Atemschutzgerät mit Pressluftflasche, die Jacke, die Hose, die Handschuhe und die Stiefel.

48

1./2. Sachfragen vorgegebenen Antworten zuordnen und Fragen ergänzen   🅳 selbst Frage- und Antwortkärtchen zum Thema *Feuerwehr* schreiben

► zu BB S. 38
► Diff.-Block S. 33–34

Wer? Wie? Wohin? Warum?

① Lies die Fragen genau und unterstreiche die Antworten im Text.

② Beantworte die Fragen. Die unterstrichenen Textstellen helfen dir.

Die Schule brennt

„Du Jonas, wir können am Sonntag
doch nicht zum Fußball",
sagt Feuerwehrmann Max.
„Ich habe Dienst."

5 Jonas schmollt: „Andere Papas
haben sonntags frei. Nur du nicht!"
Jonas springt auf und rennt wütend raus.
Traurig radelt Max zur Feuerwache.
Er streitet nicht gern mit Jonas.

Katja Reider

1. Wie heißt die Geschichte?

Die Geschichte heißt _____ .

2. Wer kommt in der Geschichte vor?

Es kommen _____ vor.

3. Wohin will Jonas am Sonntag?

Jonas will _____ .

4. Warum kann Papa nicht zum Fußball?

Papa kann nicht zum Fußball, weil er _____

_____ .

5. Warum ist Jonas wütend?

Jonas ist wütend, weil _____

_____ .

 ▸ **zu** BB S. 44–45

1. im Text Belege zu texterschließenden
Fragen finden
2. Fragen zum Text beantworten

49

① Schreibe die Nomen mit dem Artikel auf. Wenn du nicht sicher bist, wie das Nomen am Ende geschrieben wird, bilde vorher die Mehrzahl.

der Mond

② Trage die Verben in den richtigen Personalformen ein.

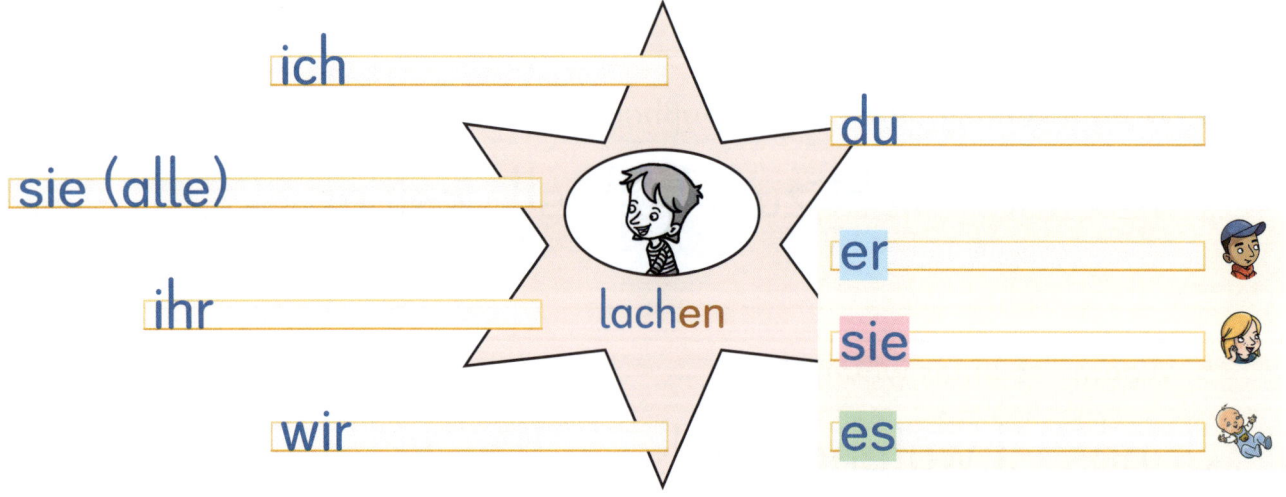

ich

du

sie (alle)

er

ihr

lachen

sie

wir

es

1. Nomen mit Auslautverhärtung:
Verlängerungsstrategie anwenden
2. Verbsterne: Personalformen bilden

Eine Stadt in ...

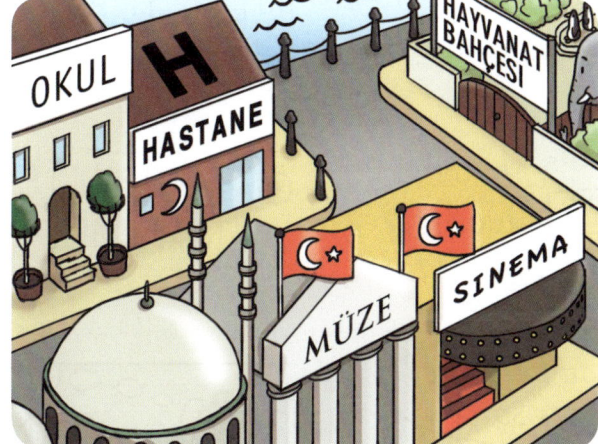

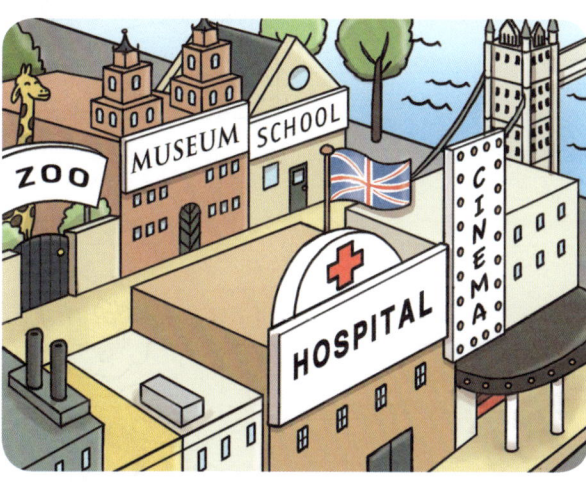

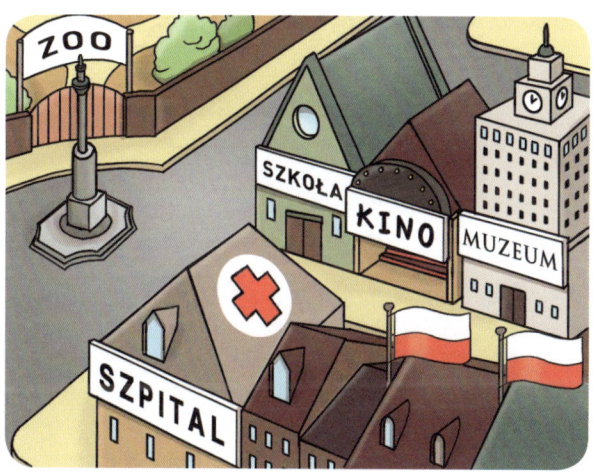

① Welche Gebäude gibt es in jeder Stadt? Schreibe sie auf.

② Schreibe die Übersetzungen in die Tabelle.

Deutsch	Türkisch	Italienisch	Englisch	Polnisch
Kino				
Schule				
Krankenhaus				

1./2. Sprachen vergleichen (Bezeichnungen öffentlicher Einrichtungen)　　D die eigene Stadt zeichnen und die Gebäude benennen (auch in anderen Sprachen)

51

Murat ist krank

① Welche Frage gehört zu welchem Bild?
Schreibe sie richtig in die Sprechblase.

Leihst du [?] bitte deinen CD-Player?

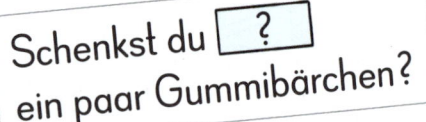

Schenkst du [?] ein paar Gummibärchen?

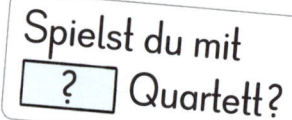

Spielst du mit [?] Quartett?

Gibst du [?] bitte ein Taschentuch?

Holst du mir bitte ein Glas Saft?

② Umut hilft Murat.
Wie heißen die Sätze jetzt?
Schreibe sie in dein Heft.

Ich hole dir ein Glas Saft.

1. Sätze mit dem Personalpronomen *mir* vervollständigen; 2. Analogsätze mit dem Pronomen *dir* bilden

D weitere Fragesätze mit den Verben *holen, leihen, schenken, spielen* … bilden

▸ zu BB S. 48–49
▸ Diff.-Block S. 38

In der Apotheke

① Schreibe die richtigen Wörter in die Sprechblasen.

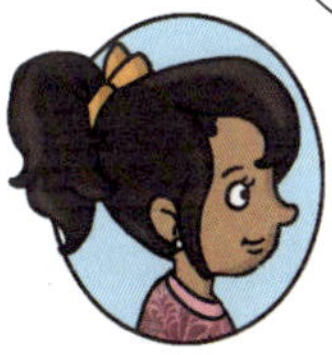

Mein Papa hat sich verletzt.
Ich soll _____ *Pflaster besorgen.*

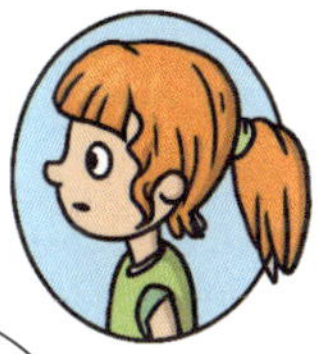

Meine Mama hat sich verbrannt.
Ich soll _____ *Brandsalbe holen.*

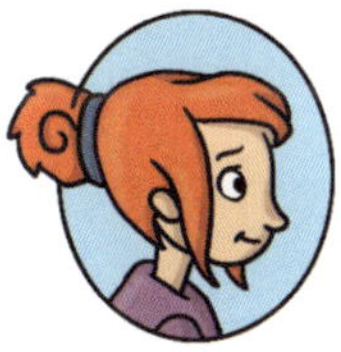

Mein Opa muss andauernd niesen.
Ich soll _____ *ein Erkältungsbad kaufen.*

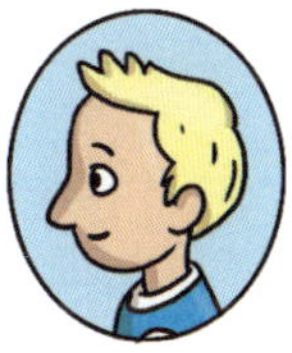

Meine kleine Schwester hat Husten.
Ich möchte _____ *Hustenbonbons kaufen.*

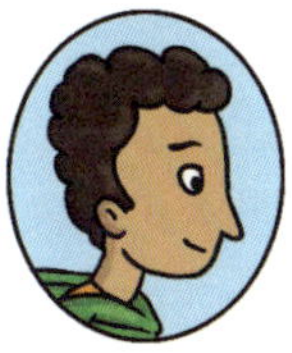

Meine Freundin hat Schnupfen.
Ich soll _____ *Nasentropfen mitbringen.*

② Markiere in den Sprechblasen die Wörter, die zusammengehören, so wie oben im Bild.

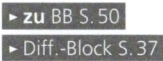

Wenn ich krank bin …

① Was hilft bei welcher Krankheit? Schreibe bei den Wortkarten, die zusammengehören, immer die gleiche Zahl in den Kreis.

1 Schnupfen

○ Grießbrei

2 Halsschmerzen

1 Taschentuch

3 Husten

○ Wärmflasche

4 kalte Füße

○ Halswickel

5 Bauchschmerzen

○ Erkältungsbad

6 Erkältung

○ Hustenbonbon

Lina holt mir einen Schal.

Lina bringt mir eine Suppe.

Lina macht mir ein Fußbad.

② Schreibe solche Satzpaare:

Ich habe Schnupfen.

Papa bringt mir ein Taschentuch.

 ③ Schreibe weitere solche Satzpaare in dein Heft.

1. Wortschatz zum Kranksein wiederholen
2./3. Akkusativobjekte mit unbestimmtem Artikel bilden

❗ Unterschied zwischen *machen* und *bringen/holen* beachten

▶ zu BB S. 51

Bleibe gesund

① Verbinde immer die drei Karten, die zusammengehören.

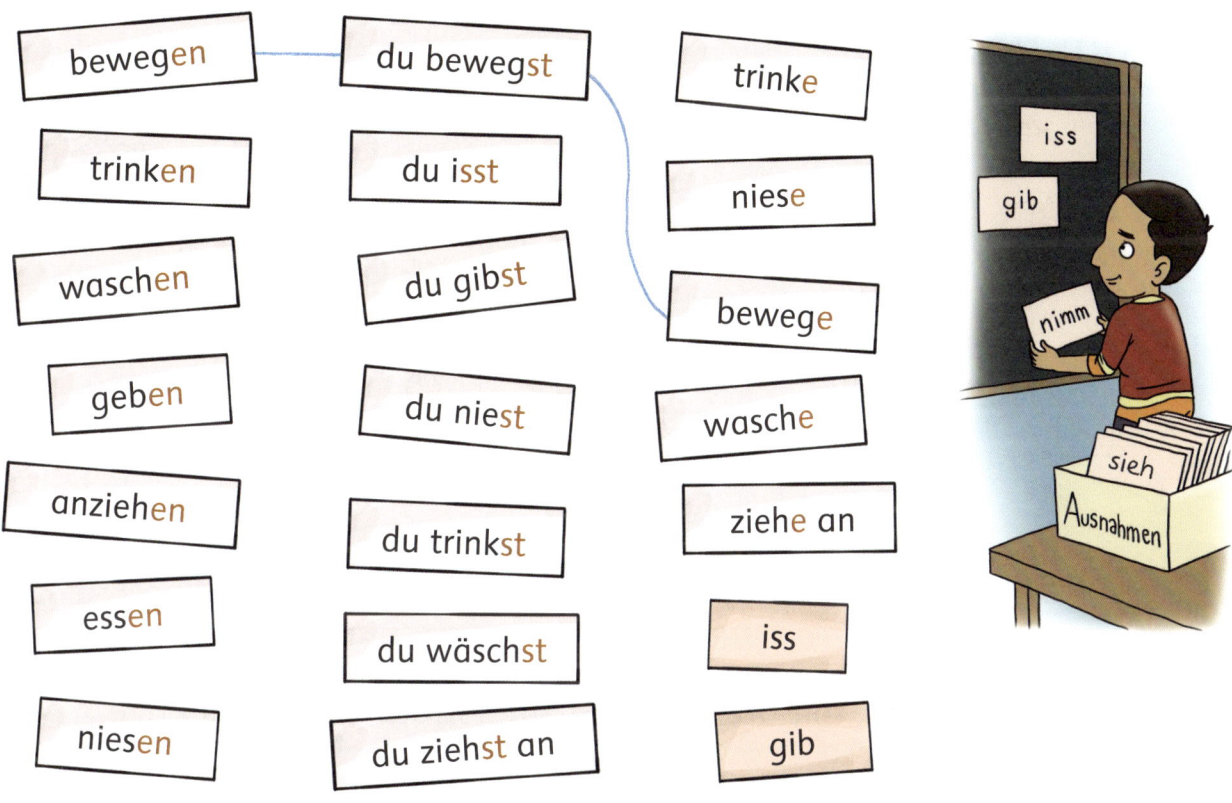

bewegen	du bewegst	trinke
trinken	du isst	niese
waschen	du gibst	bewege
geben	du niest	wasche
anziehen	du trinkst	ziehe an
essen	du wäschst	iss
niesen	du ziehst an	gib

iss · gib · nimm · sieh · Ausnahmen

---

② Schreibe Sätze zu den Bildern. Verwende die Befehlsform.

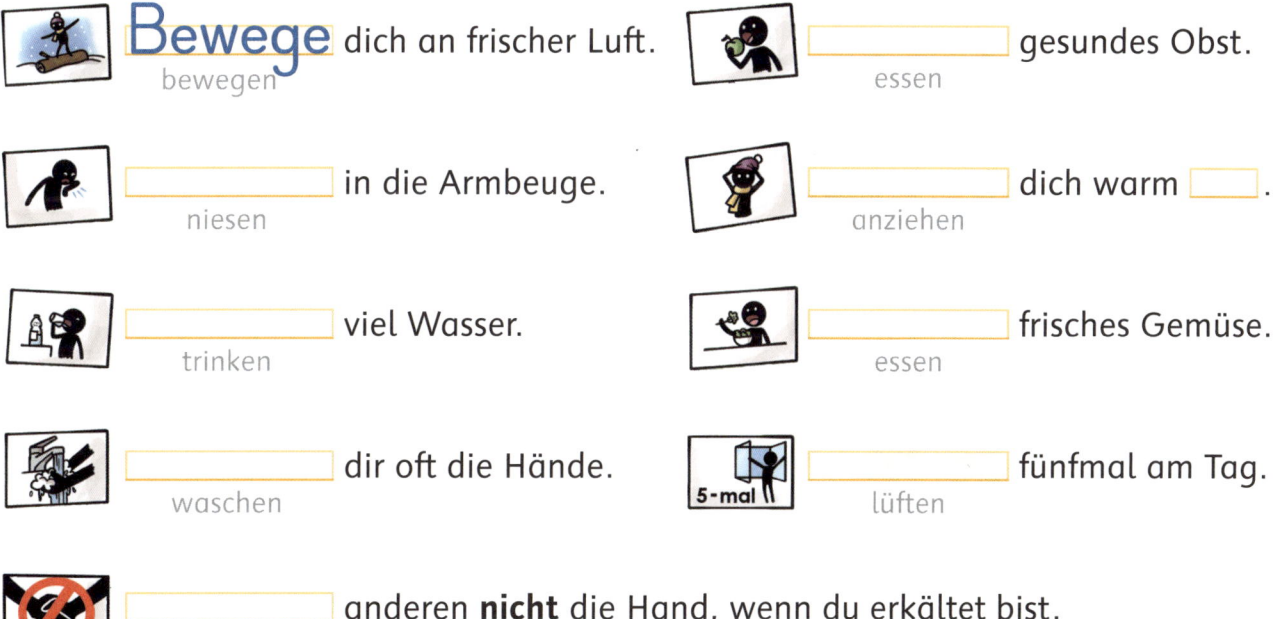

Bewege dich an frischer Luft.
bewegen

_____ gesundes Obst.
essen

_____ in die Armbeuge.
niesen

_____ dich warm ____.
anziehen

_____ viel Wasser.
trinken

_____ frisches Gemüse.
essen

_____ dir oft die Hände.
waschen

_____ fünfmal am Tag.
lüften

_____ anderen **nicht** die Hand, wenn du erkältet bist.
geben

▶ zu BB S. 54

1. Vorübung: Zuordnung der 2. Person
Singular als Stützform für den Imperativ
2. Imperative bilden

Ⓓ weitere Befehlssätze üben, z. B. in
Zusammenhang mit Bewegungen:
Klatsche in die Hände. Bewege den Kopf
usw.

Mit Adjektiven vergleichen

① Trage die Adjektive mit den Vergleichsstufen ein.

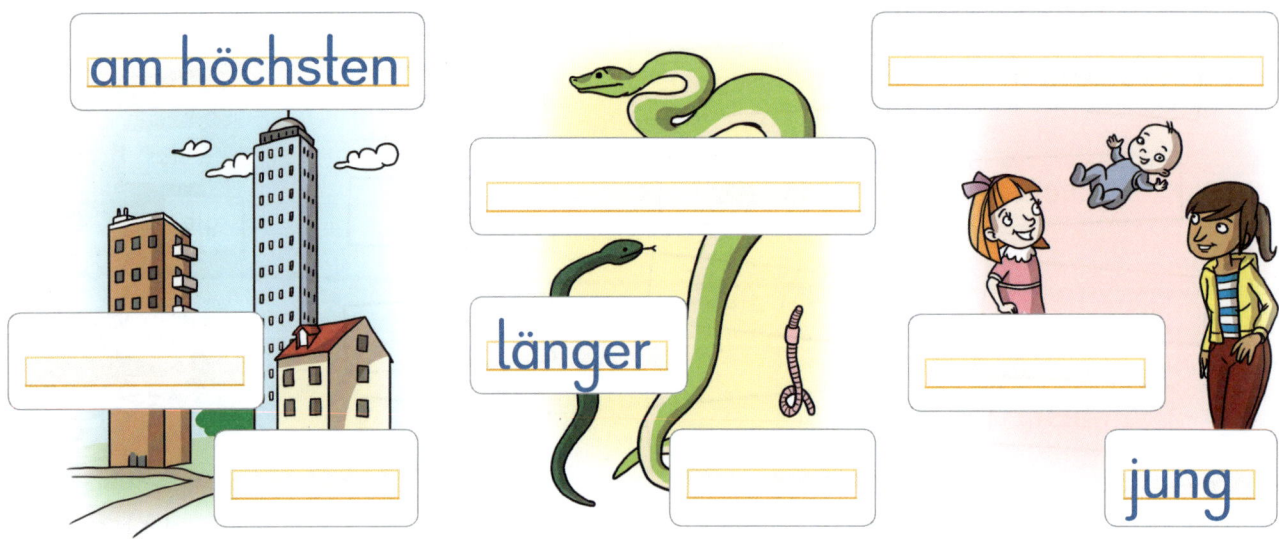

am höchsten

länger

jung

> Mit Adjektiven kannst du etwas vergleichen: hoch höher am höchsten.

② Vergleiche immer mit drei Sätzen. Unterstreiche die Adjektive.

schnell

Umut schwimmt schnell.

Timo

weit

Momo wirft

hoch

1. Vergleichsstufen bilden, auch unregel-
mäßige Formen, z. B. *hoch*
2. Vergleichsstufen im Satzzusammenhang
anwenden

D aus der Wörterliste Adjektive heraus-
suchen und die Vergleichsstufen bilden

▶ zu BB S. 52
▶ Diff.-Block S. 35–36
▶ AH B S. 70

③ Lies den Text und trage die Adjektive in die Tabelle ein.

④ Ergänze die fehlenden Adjektive in der Tabelle.
Markiere, was sich im Wort verändert.

Die Kinder der Klasse 3a vergleichen ihre Fähigkeiten.
Umut rechnet am besten. Er kann beim Einkaufen
schneller rechnen als der Gemüsehändler.
Mia ist gut im Geschichtenerfinden, aber Lisas Geschichten
5 sind spannender. Sie schreibt am liebsten über die Piraten
der Schatzinsel, die gefährlicher sind als alle anderen Piraten.
Emira und Matteo können schön singen.
Milan und Dilara laufen gern um die Wette.
Oft ist Milan schneller. Timo ist fast immer
10 freundlich zu allen Kindern in der Klasse.
Und Natalia ist beim Klettern am mutigsten
von allen.

Achtung Ausnahmen!
gut – besser – am besten
viel – mehr – am meisten
gern – lieber – am liebsten

Grundstufe	1. Vergleichsstufe	2. Vergleichsstufe
gut		am besten
	schneller	

▸ zu BB S. 53   3./4. Adjektive nach Grund- und Ver-   ▣ zu einem Kind aus der eigenen
gleichsstufen ordnen bzw. fehlende   Klasse 1–2 Sätze darüber schreiben,
Formen ergänzen   was es gut kann

57

Murat im Eisland

der Eiswald

der Eiswald, die Schneehütten, die Eiskatze, die Schneeberge, die Eiszapfen, der Eisvogel, die tiefe Schlucht, der Eisbär, der Schneehase, das Schneehuhn, das Schneemobil, hochklettern, abrutschen, anlocken

Murat liegt in seinem Bett und schläft.
Er träumt, sein Schal ist ein fliegender Teppich.
Damit fliegt er weit, weit fort bis zum Eisland.
Als Murat im Eisland ankommt, rutscht er plötzlich

① Lies den Anfang der Geschichte.
Schreibe die Wörter aus dem Wörterkasten an die passenden Stellen im Bild.

② Was passiert im Eisland? Schreibe die Geschichte weiter.
Du kannst die Wörter aus dem Bild verwenden.

1.Wörtersammlung für die Geschichte wird durch die Bild-Wort-Zuordnung in einen Handlungszusammenhang gebracht

2. Geschichte mithilfe des Bildes und der Wörtersammlung weiterschreiben

► zu BB S. 56–57
► Diff.-Block S. 39–40

③ Wie findet Murat
aus dem Eisland
wieder nach Hause?
Male, wie die Geschichte
zu Ende geht, oder
schreibe es in Gedankenblasen.

④ Schreibe dann das Ende
deiner Geschichte auf.

⑤ Stellt eure Geschichte
in der Klasse vor.

Was tut Murat?

… klettert an einem Eiszapfen hoch

… lockt das Schnee- huhn heran

… fliegt mit dem Eisvogel zurück

Murat

… findet ein Schneemobil

3. das Geschichtenende malend oder mithilfe einer Mindmap planen
4./5. die Geschichte zu Ende schreiben und präsentieren

D eine eigene Figur oder einen Gegen- stand für ein Erzählende erfinden und dazu schreiben (oder malen)

59

Adjektive mit b, d, g am Ende verlängern ↻

① Schreibe die Nomen mit dem passenden Adjektiv auf:
lusti✖, hal✖, lie✖

der Affe

der Apfel

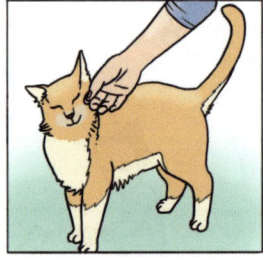

die Katze

der lustige Affe [　　　　　　] [　　　　　　]

> Wenn du nicht sicher bist, wie ein **Adjektiv** am Ende geschrieben wird, dann **verlängere** es. **Bilde eine Wortgruppe.** ↻
>
> run**d** – der run**d**e Ball   lie**b** – die lie**b**e Katze

② Trage erst den fehlenden Buchstaben ein.
Schreibe dann das Adjektiv vor den Satz.

eisig [　　　　　] Im Eisland weht ein eisi**g**er Wind.

[　　　　　] Murat steht vor einem riesi[　]en Eisberg.

[　　　　　] Er hört die Geräusche von wil[　]en Tieren.

[　　　　　] Murat entdeckt eine kleine, run[　]e Schneehütte.

[　　　　　] Auf der Hütte sitzt ein farbi[　]er Eisvogel.

[　　　　　] Seine prächti[　]en Federn glänzen.

[　　　　　] Murat macht einen muti[　]en Schritt auf ihn zu.

[　　　　　] Da fliegt der Eisvogel mit wüten[　]em Pfeifen davon.

1./2. Verlängerungsstrategie bei Adjektiven: Wortgruppen bilden und Auslaut abhören

🄓 fünf Adjektive mit Auslautverhärtung aus der Wörterliste suchen und damit Sätze bilden

▸ **zu** BB S. 58
▸ Diff.-Block S. 41–42
▸ AH B S. 78

Satzarten und Satzzeichen

① Welcher Satz gehört zu welchem Bild?
Rahme ihn mit der richtigen Farbe ein.

Fahr nicht so schnell!   Beeil dich!   Leg dich endlich hin!

Trink nicht so schnell!   Räum auf!

② Welche Zahl im Bild gehört zu welchem Satz? Schreibe sie dazu.

③ Setze die richtigen Satzzeichen. [.] [?] [!]

○ Wir steigen noch nicht aus [ ]   ○ Kann ich mich setzen [ ]

○ Au, mein Fuß [ ]   ○ Bleib endlich sitzen [ ]

○ Wo sind nur die Fahrkarten [ ]   ○ Muss ich jetzt aussteigen [ ]

① Hält die Bahn am Stadion [?]   ○ Das können wir reparieren [ ]

▶ zu BB S. 59
▶ Diff.-Block S. 43
▶ AH B S. 81

1. Bild-Satz-Zuordnung vornehmen
2./3. unterschiedliche sprachliche Situationen erkennen, Sätze zuordnen und die richtigen Satzzeichen einfügen

61

Wer sagt was?

① Wer sagt was? Ordne die Sätze zu. Manchmal passt ein Satz
zur Arzthelferin **und** zu den Patienten. Setze die richtigen Satzzeichen.

Guten Tag ☐

Ich komme wegen
der Impfung ☐

Auf Wiedersehen ☐

Haben Sie Ihren
Impfpass dabei ☐

Ja, bitte schön.
Hier ist das Rezept ☐

Muss ich heute
lange warten ☐

Bekomme ich noch
ein Rezept ☐

Setzen Sie sich bitte in
das Wartezimmer ☐

Nein, heute dauert
es nicht lange ☐

② Bilde Fragesätze aus den Aussagesätzen. Male die Pfeile dazu.

 Ich soll dir eine Wärmflasche machen, Murat.

Soll ich dir eine Wärmflasche machen, Murat?

 Ich habe eine Impfung gegen Grippe bekommen.

 Ich bin bald wieder gesund.

 Du schläfst jetzt ein bisschen, Murat.

③ Lies einem anderen Kind die Sätze der Reihe nach vor.
Das andere Kind sagt, ob der Satz eine Frage ist oder nicht.

1. Redesequenzen zuordnen; Satzarten
unterscheiden und die richtigen Satz-
schlusszeichen setzen

2. Stellungstausch Subjekt/Prädikat in
Aussage- und Fragesätzen üben
3. Fragen an der Satzmelodie erkennen

► **zu** BB S. 59
► Diff.-Block S. 44

Verboten!

① Schreibe die Verbote zu den Schildern auf.

🚫🐕 **Keine Hunde mitbringen!**

🚫🍦

🚫📱

🚫🔥

🚫🥫

🚫📷

② Schreibe den Text ab.

> Mias Hals schmerzt.
>
> Er ist rot und wund.
>
> Mia hat Fieber und muss
>
> dauernd heftig niesen.
>
> Arme Mia! Sofie kümmert
>
> sich lieb um sie.
>
> Erst nach fünf Tagen ist
>
> Mia wieder gesund.

	ja	nein

③ Kontrolliere: Hast du alle Satzzeichen gesetzt?

Hast du alle Satzanfänge großgeschrieben?

▶ zu BB S. 59
▶ Diff.-Block S. 44

1. Ausrufezeichen bei Verboten
2./3. Abschreiben üben

Ⓓ eigene (auch lustige) Verbotsschilder
erfinden und das Verbot formulieren

63

Der gepfefferte Schnupfen

Franz möchte gern krank werden und zwar schnell. Der Grund ist
der abgeschnittene Zopf von Evi. Franz hat sich nämlich mit Evi gestritten
und ihr auf einmal – ritsch, ratsch – einen Zopf abgeschnitten.
Evi ist weinend nach Hause gerannt und hat dabei gerufen,
5 *dass ihre Mutter am Montag in die Schule kommen wird.*
Deshalb will Franz am Montag auf keinen Fall in die Schule gehen.
Nun hofft er den ganzen Sonntag darauf, dass er die Grippe bekommt –
wie sein großer Bruder Josef und Mama und Papa. Aber als bis zum Mittag nichts
geschieht, zieht Franz sich aus und legt sich schon mal ins Bett.

10 „Ich krieg die Grippe", rief er so laut, dass es
die Mama, der Papa und der Josef in ihren Betten
hören konnten. Alle drei kamen gelaufen.
Der Papa schob dem Franz den Fiebermesser
unter die Achsel. Nach fünf Minuten zog er ihn
15 heraus und sagte: „Sechsunddreißigsechs –
normale Temperatur!"

Die Mama legte ein Ohr an die Brust vom Franz und sagte:
„Normaler Atem!" Der Josef schaute dem Franz in den Hals und sagte:
„Überhaupt nicht rot." Dann niesten alle drei und sagten: „Nicht einmal
20 Schnupfen hast du!", und gingen in ihre Betten zurück. Der Franz schlich
in die Küche, nahm den Pfefferstreuer und schüttete den ganzen Pfeffer
auf sein Taschentuch. Dann schlich er ins Bett zurück und hielt sich
das Taschentuch unter die Nase. Einen schrecklichen Niesanfall bekam er.

Bis zum Abend stand er das gepfefferte Niesen durch.
25 Bis die Mama zu ihm kam und sagte: „Armer Franz,
hast du doch die Grippe. Morgen kannst du nicht
in die Schule gehen!" Erst dann warf der Franz
das gepfefferte Taschentuch unter das Bett.
Aber seine Nase war vom vielen Niesen so wund und
30 gereizt, dass er die ganze Nacht weiterniesen musste.

vorbereitend: Titel und Illustrationen für
Antizipationen nutzen; Personen der
Geschichte benennen

▸ **zu** BB S. 60 – 61
▸ Diff.-Block S. 45 – 46

Mittags kann dann die Gabi. Sie sagte:
„Jammerschade, dass du nicht in der Schule warst.
Dein Lehrer hat Grippe, fast alle Kinder haben
Grippe! Die gesunden Kinder aus deiner Klasse
35 waren heute in meiner Klasse. Wir haben gesungen
und gespielt und erzählt."
„Und die Evi?", fragte der Franz. „Die ist gesund und hat jetzt Ringellocken
aus Dauerwellen. Alle Kinder haben sie bewundert."
Der Franz zog sich die Bettdecke über den Kopf, drehte sich zur Wand und
40 tat sich leid.

Christine Nöstlinger

① Beantworte die Fragen. Unterstreiche die passenden Stellen im Text.

1. Warum wollte der Franz die Grippe bekommen? Kreuze an.

☐ Franz findet es schön, krank zu sein wie Mama, Papa und Josef.

☐ Franz hatte Angst vor der Schule.

☐ Franz hatte Evi einen Zopf abgeschnitten. Er fürchtete nun eine Strafe.

2. Wie nennt man den Fiebermesser in Zeile 13 noch?

[   ]

3. Wer sagt was? Schreibe immer die Person davor, die spricht.

[   ]: „Normaler Atem!"

[   ]: „Sechsunddreißigsechs – normale Temperatur!"

[   ]: „Nicht einmal Schnupfen hast du!"

4. Wer ärgert sich am Ende der Geschichte am meisten? Kreuze an.

☐ Evi   ☐ Gabi   ☐ Franz

1. auf unterschiedliche Frageformen zum
Lesetext antworten; für die Beantwortung
Textstellen markieren

65

① Ergänze das Treppengedicht mit Adjektiven.

Das Kind

Das **wilde** Kind

Das ⬚ ⬚ Kind

Das ⬚ ⬚ ⬚ Kind

dreht sich wie ein Wirbelwind.

wild   lustig   mutig

☺ 😐 ☹

② Ergänze die Tabelle.

Grundstufe	1. Vergleichsstufe	2. Vergleichsstufe
schön		
		am klügsten
	höher	
viel		

hoch

☺ 😐 ☹

③ Setze die Satzzeichen ein.

Treffen wir uns heute Nachmittag auf dem Spielplatz ⬚

Ich muss zu Hause bleiben ⬚

Ist Murat noch immer krank ⬚

Ja, und er langweilt sich allein ⬚

Schade ⬚

Ich frage mal meine Mutter ⬚
Vielleicht darf ich doch ⬚

Gute Idee ⬚
Ich rufe dich an ⬚

☺ 😐 ☹

1. flektierte Formen des Adjektivs in einem Treppengedicht selbstständig anwenden.
2. Vergleichsstufen von Adjektiven bilden
3. Satzarten erkennen und die richtigen Satzzeichen setzen

① Lies das Gedicht und setze die richtigen Wörter ein.
Die Bildkarten helfen dir.

Kribbelnase

Kribbel, Krabbel, krüße,

erst hast du kalte _____ .

Kribbel, Krabbel, krase,

dann kribbelt's in der _____ .

5 Kribbel, Krabbel, kropfen,

schon tropft der erste _____ .

Kribbel, Krabbel, kruch,

jetzt schnell ein _____ .

Kribbel, Krabbel, kroffeln,

10 nur schnell in die _____ .

Kribbel, Krabbel, krüße,

sonst kriegst du kalte _____ .

Kribbel, Krabbel, krase,

dann kribbelt's in der _____ .

KNISTER

○ Füße

● Nase

● Tropfen

○ Pantoffeln

● Taschentuch

② Denke dir neue Kribbelnasen-Wörter aus.
Probiere aus, wie das Gedicht dann klingt.

Du kannst das Gedicht auch als Abzählreim benutzen. Dann heißt es am Ende:
Kribbel, Krabbel, kraus und du bist raus!

Hatschi, batschi, prüße, erst hast du kalte Füße.

---

1. Reimstruktur erkennen und ergänzen
2. sprachkreatives Angebot durch das Erfinden von neuen Wortklangbildern mit analoger Reimstruktur

Ⓓ Bewegungsformen zur sprachrhythmischen Unterstützung ausdenken und erproben

Ich stelle mir vor

Wir basteln Spielfiguren

① Bildet Sätze. Die Satzstraße hilft euch.

Ich brauche	Stoff,	den Kopf	flechten.
Wir brauchen	Wolle,	die Augen	machen.
	Stifte,	die Ohren	zeichnen.
	Papier,	den Schwanz	
	Filz,	die Zöpfe	malen.
	Kleber,	den Bart	basteln.
	Wasserfarbe,	die Krone	nähen.
	Pfeifenreiniger,	den Umhang	kleben.
	Watte,	das Kleid	
		das Fell	

(Mittelspalte verbunden mit „um" ... „zu")

② Sieh dir die Figur genau an.
Was brauchst du, um sie zu basteln? Schreibe es auf.

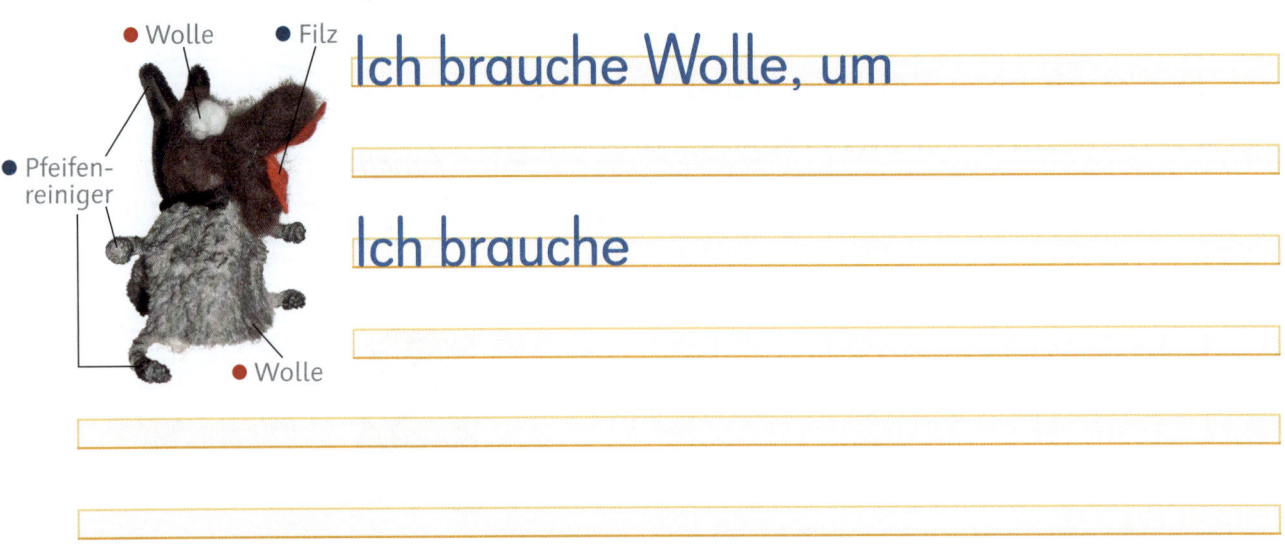

Ich brauche Wolle, um

Ich brauche

1. Sätze mit erweitertem Infinitiv und
Akkusativobjekt bilden
2./3. Material von Figuren auflisten

🄳 Theaterfiguren (z. B. Fingerpüppchen,
Stabfiguren usw.) basteln und damit
Theater spielen

▶ zu BB S. 62–63

③ Sieh dir auch diese Figuren genau an.
Was brauchst du, um sie zu basteln? Schreibe es auf.

• Papier

• Watte
• Stoff

• Wolle
• Filz

• Filz
• Stoff

• Wolle
• Filz

• Wolle

• Filz
• Stoff

• Pfeifenreiniger

④ Male oder bastle selbst eine Figur.
Was brauchst du, um sie zu basteln? Schreibe es auf.

Wer ist der Stärkste?

① Was sagen die Tiere? Schreibe es auf.

*Du bist st**a**rk.*
*Aber ich bin st**ä**rker.*
*Ich bin der St**ä**rkste.*

Du bist schön.

Aber ich

Du bist schnell.

Aber

Du bist groß.

Du bist klug.

Aber ich

1. Vergleichsform wiederholen; nominalisierte Adjektive verwenden
■ Stammumlautung (markierte Vokale)

Ⅾ weitere Tiere beschreiben; auch Femina bilden: die Größte, die Stärkste, die Schnellste …

▶ zu BB S. 64
▶ AH B S. 71

Momo ist mal so und mal so

① Wie ist Momo? Ordne zu.

glücklich traurig eingebildet

wütend ängstlich

Momo ist _____

② Sucht euch ein Bild aus. Was ist Momo wohl passiert?
Schreibt eure Ideen oder eine kurze Geschichte auf.

1. Gefühlszustände erkennen und benennen
2. ein Bild als Schreibanlass nutzen

🅳 weitere Gefühlszustände (pantomimisch) darstellen und erraten lassen; für weitere Bilder Geschichten erfinden

① Wer sagt was? Spielt das Spiel.

② Schreibe die acht Begleitsätze mit der passenden wörtlichen Rede in dein Heft. Momo schreit: „Aua, das tut doch weh!"

Start

Ziel

Momo schreit:

Gehe 3 Felder zurück!

Aua, das tut doch weh!

Kommt bitte, wir gehen in die Turnhalle!

Oje, ich habe meinen Sportbeutel vergessen!

Psst, ich muss dir gleich ein Geheimnis erzählen.

Milan ruft:

Rücke 1 Feld vor!

Matteo antwortet:

Rücke 2 Felder vor!

Lisa flüstert:

1. Spielanleitungen verstehen; Begleitsätze der wörtlichen Rede zuordnen; betont sprechen

▸ zu BB S. 66–67
▸ Diff.-Block S. 47–48

Spielregel

Wenn du auf ein grünes Feld mit einem Begleitsatz kommst,

suche eine passende Sprechblase.

Lies die wörtliche Rede aus der Sprechblase mit richtiger Betonung vor.

Wenn du richtig gelesen hast, darfst du zwei Felder vorrücken.

Rücke 3 Felder vor!

Janek lacht:

Rücke 1 Feld vor!

Mia schimpft:

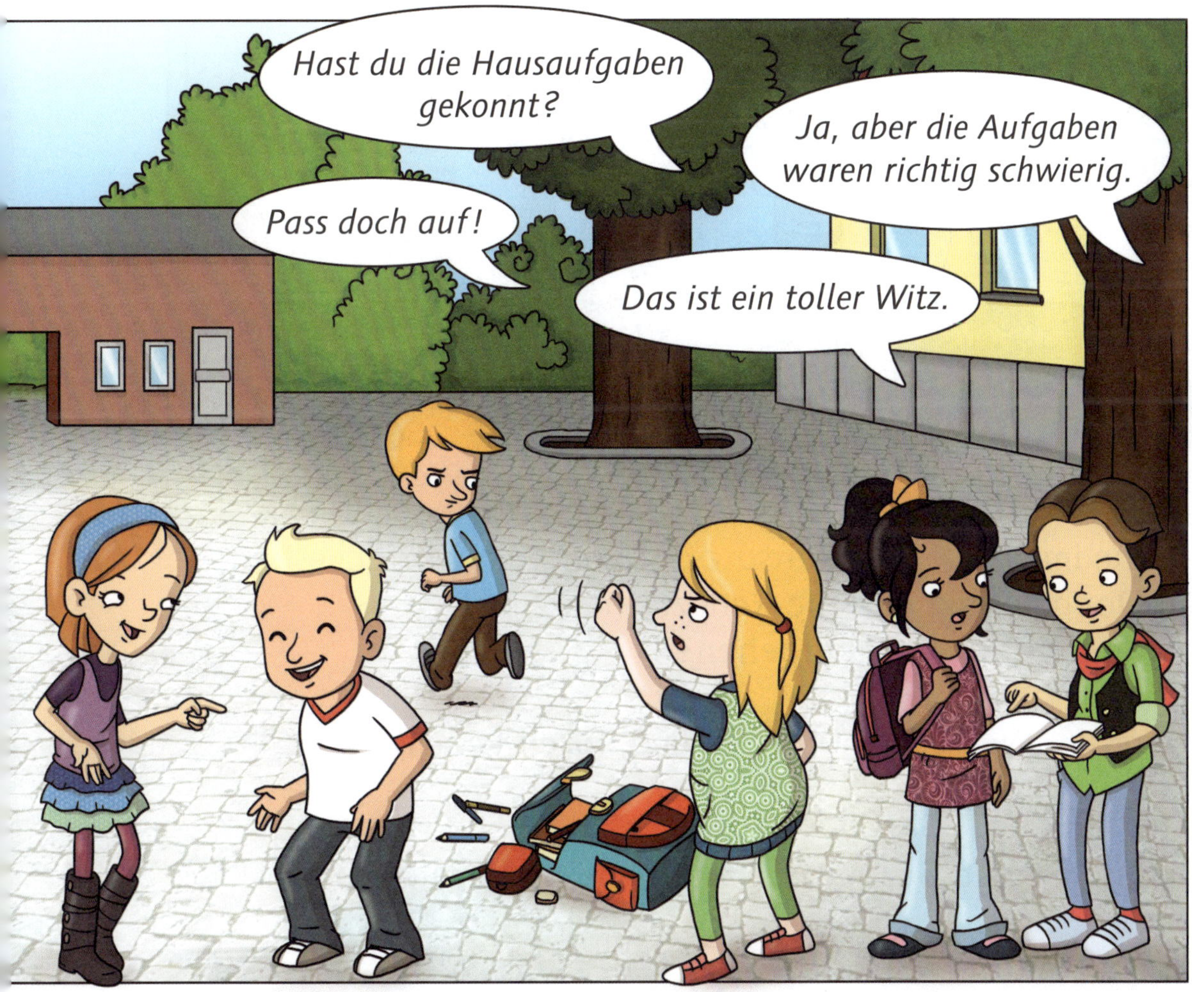

Hast du die Hausaufgaben gekonnt?

Ja, aber die Aufgaben waren richtig schwierig.

Pass doch auf!

Das ist ein toller Witz.

Gehe 3 Felder zurück!

Emira fragt:

Rücke 2 Felder vor!

Frau Koch ruft:

Zeichen der wörtlichen Rede

① Unterstreiche immer den Begleitsatz grün und die wörtliche Rede rot.
Kreise den Doppelpunkt und die Redezeichen rot ein.

Frau Koch fragt: „Wer möchte einen Zwerg spielen?"

Milan antwortet: „Ich möchte gerne ein Zwerg sein."

Umut ruft: „Dann möchte ich mit dir spielen."

Frau Koch lacht: „Macht auch ein Mädchen mit?"

Mia sagt: „Ja, das macht bestimmt Spaß."

② Unterstreiche immer den Begleitsatz grün und die wörtliche Rede rot.
Setze den Doppelpunkt und die Redezeichen ein.
Wie kann das Gespräch weitergehen?

Momo fragt: „Wer ist der Stärkste im ganzen Land?"

Umut ruft Das sind Sie, Herr Wolf.

Mia schimpft Umut, das müssen wir gemeinsam rufen.

Umut lacht Oh, das habe ich vergessen.

Milan sagt Kommt, wir fangen noch einmal von vorne an.

Emira flüstert

1. Begleitsatz und wörtliche Rede unterscheiden; 2. Zeichensetzung bei der wörtlichen Rede

Ⅾ wörtliche Rede mit der richtigen Intonation sprechen; dabei die Begleitsätze beachten

► zu BB S. 66–67, S. 73
► AH B S. 81

So ein Theater!

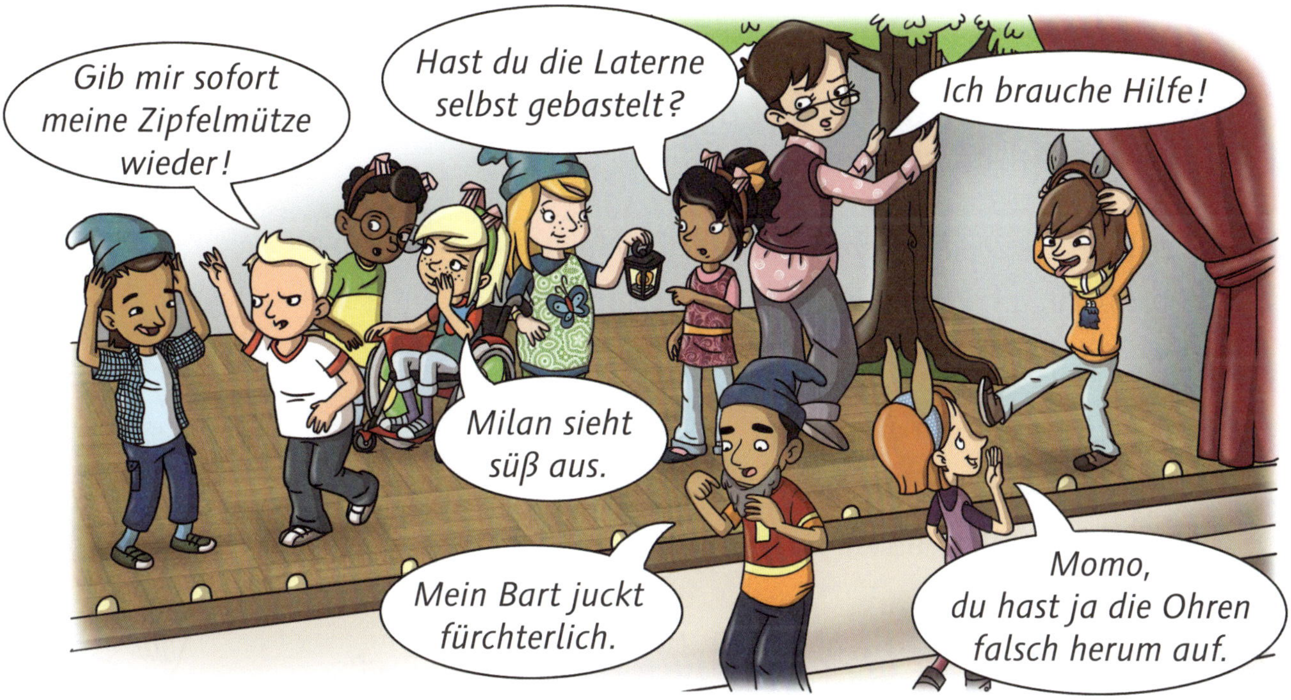

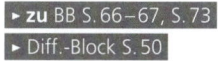

Gib mir sofort meine Zipfelmütze wieder!

Hast du die Laterne selbst gebastelt?

Ich brauche Hilfe!

Milan sieht süß aus.

Mein Bart juckt fürchterlich.

Momo, du hast ja die Ohren falsch herum auf.

| frag**en** | schimpf**en** | jammer**n** | ruf**en** | lach**en** | flüster**n** |

① Schreibe jede Sprechblase als wörtliche Rede mit Begleitsatz auf.
Achte auf die passenden Verben.
Janek schimpft: „Gib mir sofort meine Zipfelmütze wieder!"

② Unterstreiche immer den Begleitsatz grün und die wörtliche Rede rot.

Der Wolf ist unterwegs

① Erzählt die Geschichte weiter.
Wen trifft der Wolf? Was fragt er?
Das Erzähllabyrinth hilft euch.

Der Wolf ist wieder einmal unterwegs.
Er ist in Angeberlaune und möchte nur das Beste
über sich hören. Zuerst trifft er Rotkäppchen.

Er sagt: „Hallo Rotkäppchen."
Rotkäppchen antwortet: „Guten Tag, Herr Wolf."
Der Wolf fragt: „Sag mal, wer ist der Schönste
im ganzen Land?"
Rotkäppchen ruft: „Sie natürlich, Herr Wolf!"
Der Wolf nickt zufrieden und geht weiter.

Da trifft er …

Wer ist der Schnellste?

Wer ist der Lustigste?

Eingang

Hase
Spinne
Rotkäppchen
Keloğlan
Hexe
Lina
Riese
Baba Jaga
Prinzessin
Sultan
Fee
Zauberer

1. Erzähllabyrinth als Erzählhilfe nutzen;
Dialoge entwickeln

❗ *Keloğlan* ist eine türkische Märchenfigur
(kell-ohlan), *Baba Jaga* eine russische Hexe

Ⅾ eigene Figuren einzeichnen; ggf. auch
Comicfiguren

② Schreibe auf, wie die Geschichte weitergeht.

Der Wolf ist wieder einmal unterwegs. Er ist in Angeberlaune und möchte nur das Beste über sich hören. Zuerst trifft er Rotkäppchen.

Er sagt: „Hallo Rotkäppchen." Rotkäppchen antwortet: „Guten Tag, Herr Wolf." Der Wolf fragt: „Sag mal, wer ist der Schönste im ganzen Land?" Rotkäppchen ruft: „Sie natürlich, Herr Wolf!"

Der Wolf nickt zufrieden und geht weiter.

Da trifft er

Verben mit *ng* und *nk* verlängern ↪

① **ng** oder **nk**? Schreibe die Verben richtig auf.

② Male die Silbenbögen ein.

er spri **ng** t → springen → er springt

sie wi **nk** t → winken → sie winkt

sie si ____ t →

er fä ____ t →

er tri ____ t →

sie ta ____ t →

er le ____ t →

③ Bilde Sätze mit den Verben und schreibe sie in dein Heft.

> Wenn du nicht sicher bist, ob ein Verb mit *ng* oder *nk* geschrieben wird, dann **verlängere** es. Bilde die **Grundform.**

④ Setze **ng** oder **nk** ein.

Lina hä ____ t an einem Ast im Baum. Leo sprin ____ t auf

die Bühne. Er de ____ t an Lina und si ____ t ein Liebeslied.

Lina kichert. Dann beda ____ t sie sich für das Lied.

Leo wird rot und wi ____ t Lina zu.

1.–4. Verben mit *ng* und *nk*:
Bilden der Grundform als Rechtschreibstrategie; Silben markieren

▸ **zu** BB S. 72
▸ Diff.-Block S. 51

Nomen mit *ng* und *nk* verlängern ↪

① **ng** oder **nk**? Bilde zuerst die Mehrzahl der Nomen.
Dann hörst du, was du einsetzen musst.

② Male die Silbenbögen ein.

der Schmetterli**ng** → die Schmetterlinge → der Schmetterling

die Ba☐ → ☐ → ☐

der Ri☐ → ☐ → ☐

das Gesche☐ → ☐ → ☐

das Geträ☐ → ☐ → ☐

der Schra☐ → ☐ → ☐

③ Schreibe den Text in dein Heft ab.

Am Ende der Vorstellung bedankt sich Leo

beim Publikum. Er winkt Lina zu.

Sie springt auf die Bühne und bringt

Leo zur Belohnung ein Geschenk.

Er zwinkert ihr zu und freut sich sehr.

④ Unterstreiche in deinem Abschreibtext die Wörter mit *ng* und
die Wörter mit *nk*.

► zu BB S. 72
► Diff.-Block S. 52

1./2. Nomen mit *ng* und *nk*:
Pluralbildung als Rechtschreibstrategie
3./4. Text abschreiben und Rechtschreib-
wörter kontrollieren

79

Wer springt am höchsten?

① Lies den Text und schau dir die Bilder an. In jedem Bild
ist ein Fehler. Schreibe zu beiden Bildern, was nicht stimmt.

Schon immer gab es Streit zwischen Stig und Albin. Jeder von beiden will immer
der Beste sein. Und jeder versucht dem anderen zu beweisen, dass er der Mutigere ist.
Deshalb springen sie erst von einem Baum, dann vom höchsten Holzstapel am Sägewerk,
dann von der Holzbude und schließlich steigt Albin sogar auf den Kuhstall.

5   Albin kletterte mit zitternden Knien die Leiter hinauf.
Er stand auf dem Kuhstalldach. Er schaute hinunter in
die Tiefe. Wie sahen sie doch klein aus, die Jungen
dort unten! Jetzt – wollte er springen! Nein, es war
zu entsetzlich. Er hielt die Luft an und betete zu Gott,
10 dass die Füße sich von allein abheben möchten.
Aber das taten sie nicht.

„Er hat Angst!", schrie Stig triumphierend.
„Zeig es ihm!", schrien die Stiglinge*. „Spring du
vom Kuhstalldach, Stiggi, dann kann er dort oben
15 mit seiner Schande stehen bleiben." Na ja, das war
nicht genau das, was Stig sich gedacht hatte.
Er war ja vom Holzbudendach gesprungen,
das reichte doch wohl!

„Stiggi traut sich auch nicht!", schrien die Albinisten**.
20 „Holzbudendach, was ist das schon! Tausendmal könnte
Albin da runterspringen. Könntest du doch, Albin, nicht?"
„Klar", rief Albin vom Kuhstalldach. Obwohl er sich
innen drin fühlte, als könne er nie im Leben noch einmal
springen, nicht mal von der Verandatreppe.

*Stiglinge sind die Jungen, die zu Stig halten.
**Albinisten sind die Jungen, die zu Albin halten.

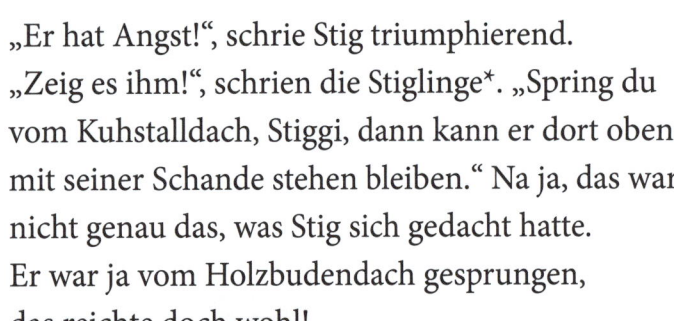

80   1./2. Bildinformationen und Textinforma-
tionen vergleichen, 3. Begründungen für
das Verhalten der Figuren finden

▶ Diff.-Block S. 53–54

25 Da kletterte Stig auch aufs Dach. „Rotzbengel", sagte
Albin freundlich zu ihm. „Selber Rotzbengel", sagte Stig.
Dann guckte er hinunter und sagt eine Weile gar nichts mehr.
„Spring, Albin!", schrien die Albinisten. „Spring, Stiggi!",
schrien die Stiglinge. „Dann platzt Stig vor Neid",
30 schrien die Albinisten. „Dann lernt Albinchen
sich schämen", schrien die Stiglinge.

Stig und Albin schlossen die Augen. Zusammen machten
sie den Schritt in die Tiefe. „Wie in aller Welt ist das nur
zugegangen?", fragte der Arzt erstaunt, als er Stigs rechtes
35 und Albins linkes Bein geschient hatte. „Zwei gebrochene
Beine an ein und demselben Tag!" Stig und Albin sahen
ihn beschämt an. „Wir wollten sehen, wer am höchsten
springen kann", murmelte Stig.

Danach lagen sie nebeneinander, jeder in seinem
40 Krankenhausbett, und sahen eigensinnig jeder in eine
andere Richtung. Aber, wie es so war,
bald schielten sie sich an und begannen zu kichern trotz ihrer gebrochenen Beine.
Zuerst kicherten sie, dann wurde ihr Lachen immer lauter, sie lachten,
dass man es im ganzen Krankenhaus hören konnte. Und dann sagte Albin:
„Wozu war das eigentlich gut – vom Kuhdach zu springen?"

Astrid Lindgren

② Welches Bild passt zum Ende der Geschichte? Kreuze es an.

☐  ☐  ☐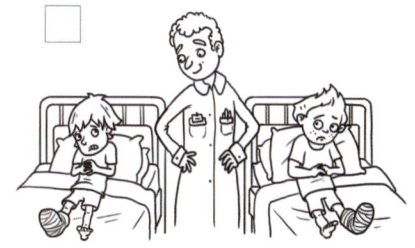

③ Warum lachen Albin und Stig am Ende der Geschichte?
Schreibe die Antwort in dein Heft.

❗ Das mittlere Bild zeigt Albin mit gebrochenem linken Bein und Stig mit gebrochenem rechten, wie sie auf die Frage des Arztes zu lachen beginnen.

81

① Schreibe die Sätze.

 Mia singt.

☺ ☺ ☹

② Löse das Rätsel. Finde die Wörter mit **ng** oder **nk**.

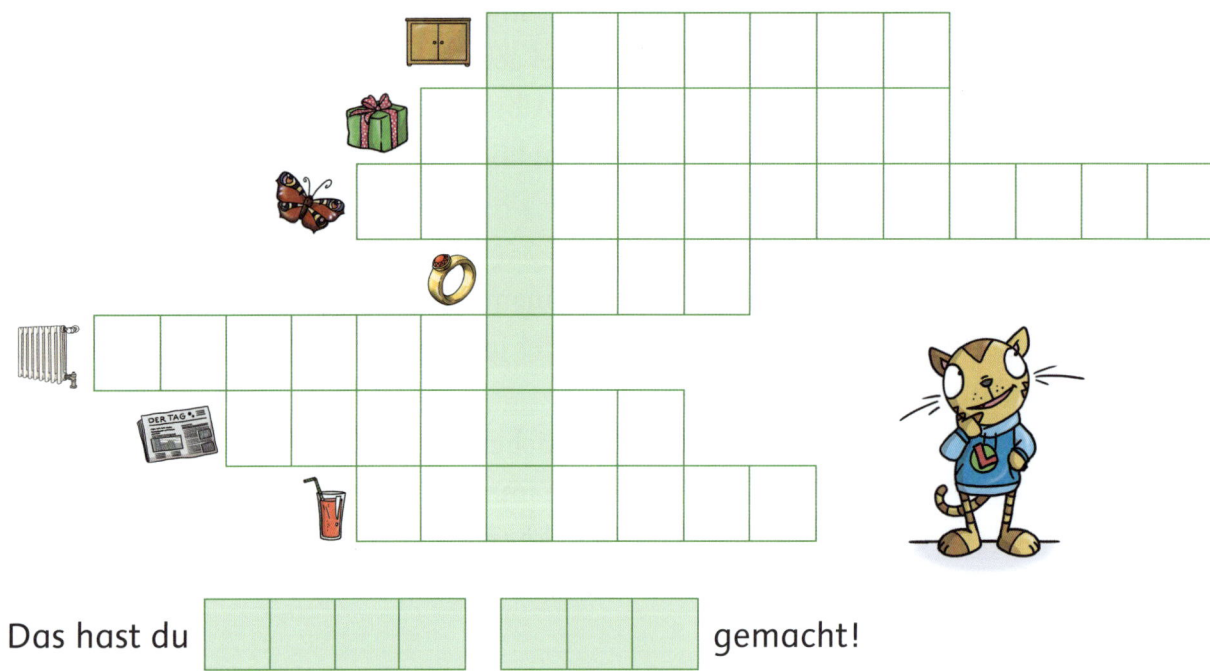

Das hast du ⬜⬜⬜⬜⬜ ⬜⬜⬜ gemacht!

☺ ☺ ☹

③ Unterstreiche immer den Begleitsatz grün und die wörtliche Rede rot. Setze Doppelpunkte und Redezeichen ein.

Nach der Vorstellung

Mama sagt   Das habt ihr toll gemacht!

Umut fragt   Hast du mich erkannt?

Mama antwortet   Ja klar, und der Bart stand dir gut.

☺ ☺ ☹

1. Verben mit *ng* und *nk*
2. Nomen mit *ng* und *nk*
3. Zeichensetzung bei der wörtlichen Rede

Emoticons

Das Wort *Emoticon* kommt von den englischen Wörtern *emotion* und *icon*.
emotion heißt Gefühl und *icon* heißt Zeichen.
Mit Emoticons kannst du zeigen, ob du glücklich oder traurig bist.

Du gibst einfach eine Zeichenfolge auf der Tastatur ein. Wenn du den Kopf nach links neigst, erkennst du, dass die Zeichen ein Bild ergeben.

 bedeutet: Ich bin glücklich.

① Verbinde, was zusammengehört.

Ich habe keine Lust.   Ich bin traurig.

Ich weine.   Ich schreie.

Ich lache über dich.   Ich habe keine Ahnung.

② Erfinde eigene Emoticons. Schreibe auch ihre Bedeutung auf.

       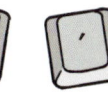 

1. Symbole (Icons) verstehen und versprachlichen
2. eigene Symbole erfinden

Wörterliste

A a
- der **A**bend, die Abende
- die **A**mpel, die Ampeln
- der **A**st, die Äste
- das **A**uto, die Autos

B b

  backen, du bäckst,
  du hast gebacken
- der **B**adeanzug, die Badeanzüge
- das **B**ad, die Bäder
- die **B**adehose, die Badehosen
- die **B**adekappe, die Badekappen
- der **B**adeschuh, die Badeschuhe
- der **B**all, die Bälle
- die **B**ank, die Bänke
- der **B**aum, die Bäume
- der **B**erg, die Berge
- das **B**ild, die Bilder
  blond
- der **B**oxer, die Boxer
- der **B**rand, die Brände
  bringen, du bringst,
  du hast gebracht
- das **B**uch, die Bücher
- die **B**urg, die Burgen
- die **B**ürste, die Bürsten

C c
- das **C**hamäleon, die Chamäleons
- der **C**lown, die Clowns
- der **C**omic, die Comics
- der **C**omputer, die Computer

D d

  denken, du denkst,
  du hast gedacht
- der **D**ieb, die Diebe
- die **D**usche, die Duschen
- das **D**uschgel

E e
- das **E**ichhörnchen,
  die Eichhörnchen
- der **E**lefant, die Elefanten
- die **E**nte, die Enten
- der **E**sel, die Esel
- die **E**ule, die Eulen

F f

  fahren, du fährst,
  du bist gefahren
- das **F**ahrrad, die Fahrräder
- das **F**ahrzeug, die Fahrzeuge
  fallen, du fällst,
  du bist gefallen
- die **F**eldmaus, die Feldmäuse
- der **F**ernseher, die Fernseher
- das **F**euer, die Feuer
- der **F**euerwehrmann,
  die Feuerwehrmänner
- der **F**isch, die Fische
- der **F**leck, die Flecke
- die **F**liege, die Fliegen
  fliegen, du fliegst,
  du bist geflogen

flitzen, du flitzt,
du bist geflitzt
- das **Flugzeug**, die Flugzeuge
- der **Freund**, die Freunde
- der **Frosch**, die Frösche
- der **Fuchs**, die Füchse
- der **Füller**, die Füller
- der **Fuß**, die Füße
- der **Fußball**, die Fußbälle

G g
- das **Geräusch**, die Geräusche
- die **Girlande**, die Girlanden
  groß, größer, am größten
  gut, besser, am besten

H h
hacken, du hackst,
du hast gehackt
- das **Halsband**, die Halsbänder
- die **Hand**, die Hände
- das **Handy**, die Handys
- das **Handtuch**, die Handtücher
  hängen, es hängt,
  es hat gehangen
- das **Haus**, die Häuser
- das **Heft**, die Hefte
  heiß
- das **Hemd**, die Hemden
- der **Herd**, die Herde
  hoch, höher, am höchsten
  hoppeln, du hoppelst,
  du bist gehoppelt

- der **Hund**, die Hunde
  hüpfen, du hüpfst,
  du bist gehüpft

I i
ihm
ihn
ihr

J j
- die **Jacke**, die Jacken
- der **Junge**, die Jungen

K k
- die **Kabine**, die Kabinen
- der **Käfer**, die Käfer
  kalt, kälter, am kältesten
- das **Kamel**, die Kamele
- das **Kaninchen**, die Kaninchen
- die **Katze**, die Katzen
  kaufen, du kaufst,
  du hast gekauft
- die **Kaulquappe**,
  die Kaulquappen
- das **Kind**, die Kinder
- die **Klasse**, die Klassen
- der **Klassenraum**,
  die Klassenräume
- das **Kleid**, die Kleider
  klein, kleiner, am kleinsten
  klettern, du kletterst,
  du bist geklettert

klingeln, es klingelt,
es hat geklingelt
klug, klüger, am klügsten
kommen, du kommst,
du bist gekommen

- der **Korb**, die Körbe
krabbeln, du krabbelst,
du bist gekrabbelt

- die **Krähe**, die Krähen

- die **Kuh**, die Kühe

L l

lachen, du lachst,
du hast gelacht

- das **Lager**, die Lager

- die **Lampe**, die Lampen
lang, länger, am längsten

- die **Laterne**, die Laternen
laufen, du läufst,
du bist gelaufen
lecken, du leckst,
du hast geleckt
legen, du legst,
du hast gelegt

- die **Lehrerin**, die Lehrerinnen

- die **Leiter**, die Leitern
lesen, du liest,
du hast gelesen

- die **Libelle**, die Libellen
lieb, lieber, am liebsten
liegen, du liegst,
du hast gelegen

- der **Luftballon**, die Luftballons
lustig, lustiger, am lustigsten

M m

machen, du machst,
du hast gemacht
malen, du malst,
du hast gemalt
manchmal

- die **Maus**, die Mäuse
merken, du merkst,
du hast gemerkt

- das **Messer**, die Messer
mutig, mutiger, am mutigsten

- die **Mütze**, die Mützen

N n

- der **Nagel**, die Nägel

- der **Name**, die Namen

- das **Nest**, die Nester

O o

offen
öffnen, du öffnest,
du hast geöffnet

P p

packen, du packst,
du hast gepackt

- die **Palme**, die Palmen

- der **Panda**, die Pandas

- der **Papagei**, die Papageien

- die oder der **Paprika**,
die Paprikas

- die **Pause**, die Pausen

pfeifen, du pfeifst,
du hast gep**fiffen**

- das **Pf**erd, die **Pf**erde
- die **Pf**ütze, die **Pf**ützen
- der **Pl**atz, die **Pl**ätze
- die **Po**lizei
- das **Po**ny, die **Po**nys

Qu qu

- das **Q**uadrat, die **Q**uadrate

quaken, er quakt,
er hat gequakt

R r

- die **R**aupe, die **R**aupen
- der **R**egenwurm,
die **R**egen**wür**mer

regnen, es regnet,
es hat geregnet

rennen, du rennst,
du bist ger**a**nnt

- die **R**ichtung, die **R**ichtungen

riechen, du riechst,
du hast gerochen

- die **R**iesenschlange,
die **R**iesenschlangen
- das **R**ollbrett, die **R**ollbretter
- das **R**otkehlchen,
die **R**otkehlchen
- der **R**ucksack, die **R**ucks**ä**cke

rufen, du rufst,
du hast geruf**en**

rund

S s

- der **S**atz, die **S**ätze
- der **S**chatz, die **Sch**ätze

schauen, du schaust,
du hast geschaut

- das **S**child, die **S**childer

schlafen, du schläfst,
du hast geschlaf**en**

- der **S**chmetterling,
die **S**chmetterlinge
- die **S**chnecke, die **S**chnecken

schnell, schneller,
am schnellsten

- der **S**chrank, die **S**ch**rä**nke

schreiben, du schreibst,
du hast geschr**ieben**

- die **S**chule, die **S**chulen
- der **S**chutzanzug,
die **S**chutzan**zü**ge
- der **S**chwan, die **S**chw**ä**ne

schwer, schwerer,
am schwersten

- das **S**chwimmbad,
die **S**chwimm**bä**der
- die **S**chwimmbrille,
die **S**chwimmbrillen

schwimmen, du schwimmst,
du bist geschw**omm**en

- der **S**ee, die **S**een
- die **S**eife, die **S**eifen
- das **S**ieb, die **S**iebe
- der **S**patz, die **S**patzen
- der **S**paziergang,
die **S**pazier**gä**nge
- das **S**piel, die **S**piele

spielen, du spielst,
du hast gespielt
- die **S**pinne, die Spinnen
springen, du springst,
du bist gespr**un**g**en**
spritzen, es spritzt,
es hat gespritzt
- das **S**prungbrett,
die Sprungbrett**er**
- der **S**tar, die Star**e**
stark, stärker, am stärksten
stecken, du steckst,
du hast gesteckt
stehen, du stehst,
du hast gest**anden**
- der **S**teinadler, die Steinadler
- der **S**tift, die Stift**e**
- das **S**tinktier, die Stinktier**e**
- die **S**tockente, die Stockente**n**
- die **S**traße, die Straße**n**
- der **S**trauß, die Strauß**e**
suchen, du suchst,
du hast gesucht

T t

- die **T**ante, die Tante**n**
- die **T**aube, die Taube**n**
- der **T**auchring, die Tauchring**e**
- der **T**eller, die Teller
tragen, du tr**ä**gst,
du hast getrag**en**
trinken, du trinkst,
du hast getr**un**k**en**

- das **T**uch, die T**ü**ch**er**
- der **T**urnbeutel, die Turnbeutel

U u
- die **U**hr, die Uhr**en**

V v
- der **V**ogel, die V**ö**gel

W w

wachsen, du w**ä**chst,
du bist gewachs**en**
- der **W**ald, die W**ä**ld**er**
wandern, du wanderst,
du bist gewandert
warten, du wartest,
du hast gewartet
wecken, du weckst,
du hast geweckt
weit, weiter, am weitesten
wild, wilder, am wildesten
winken, du winkst,
du hast gewinkt
- die **W**oche, die Woche**n**
- die **W**ohnung, die Wohnung**en**

Z z
- der **Z**ettel, die Zettel
- der **Z**ug, die Z**ü**g**e**
- der **Z**werg, die Zwerg**e**